新时代产业工人的楷模

李斌的故事

上海市总工会 编

上海三联书店

李斌同志受邀出席国庆 60 周年参观礼

目 录

大国工匠篇

家国情怀篇

序 言

　　李斌同志是我国工人阶级的杰出代表、新时代知识工人的楷模。他是中国共产党第十六次、十七次、十九次全国代表大会代表，中国共产党上海市第七次、八次、九次、十次、十一次代表大会代表，连续四次被评为全国劳模，连续五次被评为上海市劳模，是全国著名的劳动模范。李斌同志曾先后荣获全国优秀共产党员、全国道德模范、全国十大杰出工人、中华技能大奖、全国知识型职工标兵、全国十大高技能人才楷模、全国首席金牌工人、上海市优秀共产党员、上海工匠等多项荣誉称号。

　　李斌同志是知识型、技能型、创新型人才的典范，打破了国外技术垄断，为我国液压气动行业整体水平的提升作出了重大贡献，荣获国家科技进步二等奖。他以技能传承为己任，创办劳模创新工作室、技术中心，领衔技师学院，不遗余力传帮带教，为国家和企业培养了大批高技能人才。他胸怀大局，始终秉持技能报国的情怀，致力于推动新时期产业工人队伍建设改革，在全国"两会"上提出"加强产业工人队伍建设，提高技术工人待遇"的建议，得到了党中央和习近平总书记的高度重视。他的一生体现了中国工人阶级的伟大品格，是广大党员干部和职工群众永远学习的光辉榜样！

　　为缅怀李斌同志，进一步弘扬劳模精神、劳动精神和工匠精神，在全社会营造劳动光荣的社会风尚和精益求精的敬业风气，同时大力推进新时期上海产业工人队伍建设，引导全市广大职工群众以李斌同志为榜样，为上海加快建设"五个中心"、卓越的全球城市和具有世界影响力的社会主义现代化国际大都市，为实现中华民族伟大复兴的中国梦不懈奋斗，上海市总工会特编辑出版此书，从不同侧面介绍李斌同志的成长经历和先进事迹，讲述李斌同志如何立足岗位，成长为大国工匠；如何示范引领，为企业培养高技能人才；如何言传身教，树立良好家风；如何履职尽责，承担社会责任的故事，让广大读者和职工更好地走近李斌、了解李斌、学习李斌。

李斌同志是在改革开放和现代化建设中成长起来的新一代劳模群体的代表，在他身上集中体现了新时期工人阶级鲜明的时代特征，集中反映了劳模精神、劳动精神和工匠精神，集中展示了一名优秀共产党员的优良品德和高尚情操。李斌同志具有信念坚定、爱党爱国的政治品格，不忘初心、胸怀大局的担当情怀，开拓创新、精益求精的敬业精神，淡泊名利、无私奉献的高尚情操。"爱岗敬业、刻苦钻研、勇于创新、无私奉献"的"李斌精神"是我们上海和上海产业工人的宝贵财富，将永远激励我们不断前行。

成长成才篇

引　言

　　成长成才篇以李斌刻苦学习专业技术、不断提高知识技能水平为主线，讲述了他是如何从一个技校生成长为具有高学历、高技术的代表先进生产力发展方向的现代产业工人的历程。从这些故事中，我们可以看到，李斌是怎样把树立远大理想与脚踏实地结合起来的。我们也可以看到，他是以怎样的耐心、恒心和毅力，始终坚持在生产第一线，勤勤恳恳、兢兢业业、任劳任怨，努力创造一流业绩的。在故事中，既有李斌在国外学习掌握现代数控技术的艰辛，又有李斌在院校攻读专业知识取得进步的喜悦。其中，"让我试一试"的故事，刻画了李斌善于学习、潜心钻研技术的精彩过程，也展示了李斌从这里起步走向大国工匠的过程。在岗位上，李斌一刻也没有停止过学习，他坚持不懈地学习当代先进知识，精通数控加工技术。这里的每一个故事都从一个侧面，真实记录了李斌成长成才的轨迹，李斌的足迹、李斌的执着、李斌的精神在故事中一一呈现给读者。这些故事生动地解读了李斌对先进科学技术的追求和掌握现代技术的渴望，最直接最具体最生动地诠释了李斌精神的内涵，给人以全新的感悟和启迪。

"让我试一试"

"让我试一试",这是李斌的一句口头禅。每当有攻关项目需要攻克、有难题需要解决时,李斌总会站出来,用平缓而坚定的语气说:"让我试一试。"

1983 年,上海液压泵厂与德国海卓玛蒂克公司建立了业务联系。经中国技术进出口公司牵线搭桥,上海液压泵厂引进了该公司的斜轴泵生产技术,包括部分关键设备。

1986 年 3 月,根据协议,上海液压泵厂要派遣第一批技术工人去德国海卓玛蒂克公司瑞士冯劳尔分公司培训,并作为劳务输出,在那里工作。在挑选人员时,几位领导不谋而合:李斌是技术能手,第一个确定的人选就是他。

就在即将出国培训时发生的一件事,深深刺痛了李斌的心。那一天,和往常一样,李斌在车间里忙碌着。在机床正常运转时,他拿起量规去测量刚才加工的零件。正巧,厂领导陪同一位外国专家来查看产品,领导准备把一个经过精心加工的合格零件递给他看,这位外国专家居然不屑一顾,这一幕情景映入了李斌的眼帘,他心里感到一阵刺痛。此时,又一个情景在眼前浮现:有一次,一个外国工程师拿起他们加工的一个合格零件说:"你们这个零件在我们那里也许就是废品!"

外国专家和外国工程师对中国合格产品的轻视和轻蔑,给了李斌很大的震动,也在他心中升起了强烈的责任感。"通过这次培训,一定要尽快地掌握数控操作技术，做一个有知识、有技能、有担当的新时代产业工人，今后决不让外国人瞧不起我们的产品。"李斌在心里对自己说。

怀揣着这样的梦想，李斌为出国培训作了充分的准备。他在行囊中装进了《德汉字典》、《德语教程》、《德汉口语手册》，《德语语音字典》，还有几盒德文语音磁带。这些东西把他的行李塞得满满的、沉沉的。

来到瑞士冯劳尔液压公司后，李斌充分利用业余时间，借助带来的德语书籍，拼命地读、写、背、默、听，见缝插针和德国同事"对话"，不久便攻下了德语关，还获得了"二翻译"的头衔。

此刻，一台台先进的数控机床就摆在面前，要掌握它、驾驭它，谈何容易。数控技术由编程、电气、工艺、刀具四大技术要素组成，在这家公司里，这四项技术分别由四个部门归口管理，由四个工程师分别掌管，他们各司其职进行调试和操作。而在这里培训的劳务工只做最简单的辅助操作，他们只能看德国工程师操作，根本学不到真正的数控技能，更不要说学会四种操作技术了。

追梦人李斌决心把这四项技术"自学"到手。每当有外国工程师在做调试时，李斌都默默地跟在旁边，贴身辅助他。外国工程师的每一个步骤、顺序、动作，每道工序、每项工艺、每个输入、每种刀具，甚至每位工程师的操作习惯，李斌都用自己的眼睛"拍摄"下来，用脑子记录下来。到了晚上，李斌就在公寓宿舍里回忆白天观察到的东西——一个个步骤、一条条数据、一步步程序、一把把刀具，把它们像过电影一样记录在本子上，而后进行仔细地分析研究，找出它们之间的联系和技术要点，并形成完整的操作链接。有时，他便会像自己操作机床一样用手比划起来，简直到了如痴如醉的程度。

春去夏来，转眼到了8月。天气异常闷热。一天，随着下班的铃

声响起，李斌和同事们与往常一样准备下班。就在这时，外方车间管理
人员满头大汗跑进车间，手里拿着一张零件加工图纸，对着李斌他们比
划着，由于语速很快，其他人听不明白，而李斌听得很清楚。原来这位
管理员表示：这几天外方操作人员都去度假了，现在正好有一个复杂的
急件需要马上加工，客户明天就要来取货，眼下又找不到会操作的人员。
冯劳尔公司又有一个规定，为了技术保密，是不让任何中国人接触到数
控机床调试的。因而至今在瑞士这家现代化的公司里，还没有一个中国
工人调试过数控机床，更别说能加工出合格零件了。事出无奈，德国管
理人员只得向中方救助。

　　那么，究竟由谁来呼应呢？大家你看看我，我看看你，场面很是
尴尬。这时，李斌不紧不慢地来到这位管理员面前，对他说："先生，
可以让我来试一试吗？"

　　听到李斌这句话，同事们心里都愣了一下：一没看见你摸过机床，
二也没看见你在电脑上编过程序，行吗？弄不好要在外国人面前丢人的
呀。

　　"好吧。"管理员耸了耸肩，无奈地回答。

　　在外方管理人员疑惑的眼神下，李斌接过图纸，仔细看了看，想
了想，从容自如地制定了工艺、编制了程序、选择了刀具、调整了电气
系统，继而一一输入电脑，四大技术要素一气呵成。老外看得目瞪口呆。
最后，李斌自信地按下了电动开关。随着机器的轰鸣声，零件开始进入
加工程序，不一会儿，一个零件在李斌手中独立完成了。这位外国管理
人员反复测量了这个零件，居然是合格品。他禁不住竖起大拇指，连声
说："OK！OK！"因为在他们看来，一个中国学徒能在这么短的时间
内独立加工合格零件，简直是个奇迹。

第二天一上班，冯劳尔公司破例宣布了一项特殊任命：上海液压泵厂的李斌为公司调试员，他完全有资格指导来自其他国家的劳务人员上机操作。就这样，李斌成为这家瑞士液压公司第一个来自中国乃至亚洲的工人调试员。在这个以精密制造闻名于世的瑞士公司里，李斌以自己的不懈努力和卓越才华，为中国产业工人赢得了自尊和荣光。

"钉"在一线的"傻子"

2014 年 3 月 5 日下午，习近平总书记来到十二届全国人大四次会议上海代表团，参加审议政府工作报告小组会议。

见到李斌，习近平一开口就问："你还在老地方吗？"

"还在老地方。"李斌立即作答。

"不容易啊，还在基层搞技术攻关。"习近平不由地赞叹道。听了总书记的赞扬，李斌也不由自主地笑了。

还是在 2013 年 4 月 28 日，李斌在参加全国总工会举行的全国劳模五一座谈会时，受到习近平总书记的亲切接见，聆听了总书记的重要讲话，牢记着总书记提出的要加强技术工人队伍建设的要求，始终工作在生产第一线。在这次会议上，习近平了解到李斌在第一线创新。所以再次看到李斌时，就有了"你还在老地方吗"的问话。

自 1980 年技校毕业后进工厂当了学徒，李斌就一直在生产第一线岗位。在李斌身体不好的时候，领导也有调李斌去搞管理工作的安排，但他没有走。有人问过李斌为什么不去，他说："当一个工人有什么不好？我技校毕业后分配到液压泵厂，进厂后就一直'钉'在这里，从未离开。对此，我很满足，真的非常开心。"

有人就说，李斌有点傻。

确实，李斌有点傻，还有点"另类"。

1986 年 3 月和 1988 年 6 月，李斌和厂里的员工分两批去瑞士冯劳尔液压有限公司学习数控机床操作技能，并在那里工作。一些工友的行李箱里装的是香烟、食品、扑克牌、小说等，他的行囊里却塞满了厚厚的《德汉字典》、《德语教程》、《德汉口语手册》、《德语语音字典》和德文语音磁带。在公司安排的公寓里，李斌把这些书摆在书桌上，对一起来的同事说："这些德文书，你们要用的话随时可以看。"经过刻苦学习，李斌从不认识德文单词，到熟练掌握德语；从听不懂德文技术术语，到能很流利地用德语与德方技术人员进行交流。

曾与李斌一起到瑞士冯劳尔液压有限公司学习培训的老同事张三秋回忆说，别人都下班赶着去吃饭，李斌却仍在向德方技术人员问个不停，直到问出满意的答案。还有，一些工友晚上喜欢加班，那时在瑞士工厂加班 1 小时，有 4 个瑞士法郎的加班报酬，加班 4 个小时相当于当时国内一个月的工资收入。为了钻研数控技术，李斌无暇顾及加班，一到晚上，他就回公寓整理白天看到和操作的调试资料，作好笔记，扩充自己的知识宝库。在有些人看来，这也很另类。

在学成回国的行李箱里，一些工友装满了在瑞士购买的物品和礼品，李斌的箱子除了少量礼品外，最沉的就是允许携带的有关数控手册、技术指南、操作要领等书籍，以及自己平时整理的厚厚的笔记。这些资料，为他日后背负起振兴我国机械制造业的使命，发挥了重要作用。

在瑞士冯劳尔液压有限公司，李斌的出类拔萃赢得了瑞士同行的信任，成为第一个亚洲的工人调试员。1989 年 5 月，上海市政府代表团来到瑞士冯劳尔液压有限公司，慰问上海液压泵厂来学习的工人。在晚上的欢迎酒会上，瑞士公司的一名技术总监风趣地对中方领导说："如果李斌可以留下来工作，我们愿意向他们工厂免费提供一台 20 万美元的数控机床！"瑞方的意愿是真诚的，但李斌毅然回国的决心也是真诚的！

　　改革开放初期那会儿，社会上曾出现过下海经商潮、出国淘金潮。工厂里也有人跳槽另谋高就。李斌也遇见过。1995年前后，上海液气公司在浦东和一家叫萨澳的美国公司筹建一家合资企业，当时液压泵厂厂长俞云飞是筹建组负责人，于是抽调了李斌等一批技术骨干去帮助调试数控机床。两个月后，合资公司老板看中了李斌和几个同事，想挖他们去新厂工作，并给出了比老厂高得多的薪酬待遇。李斌的一个搭档有点动心了。可李斌却说："我，还是回我们厂去！"

　　当初去瑞士参加培训的十余人，到2013年只剩下了三个人。后来，李斌谈起这些往事，说：有好的地方，想去，也没有什么不对，人往高处走嘛，可以去。但我还是感到，我是企业培养出来的，我要回报企业的。

　　李斌喜欢额外揽活，不计报酬，也属另类。1992年，厂里花了100多万元人民币从国外买了一台"特劳伯TNS-42"高级数控机床，外方专家带着自己的儿子来调试机床，但几天过去了，机床总达不到合同规定的技术要求，父子俩尴尬地离开了。李斌却把这活揽了下来，花了好几个晚上把它调试成功了。

　　一台在仓库里搁了十几年的德国二手旧机床，李斌把旧机床运到车间，硬是把它调试到可以正常使用，为企业节约了70万元。

　　工厂九车间碰到了刀具难题，8个月没能解决，李斌跨车间跑去揽下任务，配合九车间把问题解决了，还为企业节约了6300美元外汇。

　　有一台从瑞士进口的"威力铭"410机床出了故障，如请外方维修，一天的服务费就是3400元人民币，3天就得10000多元，还不包括零配件更换费、招待费等。李斌听说了，感到可以凭自己的技术把它修复，便不由分说地干了几天，果然解决了问题。

　　不管什么人向他请教数控机床的技术问题，李斌总是和盘托出，毫不保留，还把自己几十年积累的技术资料无偿地拿出来供大家使用，从来不讲报酬。

半夜回家对李斌来说是常事，那天。李斌在厂里调试机床，一直到凌晨 3 点多钟才走出厂门。他拖着疲惫的身子，沿着虹梅南路走着，总算拦了一辆出租车，向长桥新村驶去。

驾驶员望了一眼李斌，就说："朋友，今天打麻将手气怎么样啊？"

李斌不由自主地打了个哈欠，答道："打啥麻将，我在厂里加班到现在，现在就回家睡觉去。"

司机说："加班这么晚，还不叫你们老板多'挺'点分，奖励奖励。"

"什么瞎七搭八的，阿拉是国有企业，哪有什么老板。"李斌一本正经地说。

司机又说："朋友，侬帮帮忙好伐，开玩笑嘞，国有企业还加班，现在国有企业效益老差额，侬还加班，也发不了财啊，何苦呢！"

李斌还想说什么，但实在是太困了，便打起了瞌睡。

瑞士知己

1986 年和 1988 年，李斌两次去德国海卓玛蒂克公司瑞士液压分公司学习培训，在这期间，与瑞士同行结下了深厚的友谊。

李斌刻苦学习的精神和出众的技术，使外方技术人员和管理人员都对他刮目相看，纷纷和李斌交朋友。

李斌第一次调试成功后，几位热心的瑞士朋友便邀请李斌他们一起去苏黎世度周末。大家一起喝啤酒、逛商店、参观古迹，非常开心。

David 是冯劳尔公司的工段长，50 多岁，头顶微谢，有一双深邃的眼睛。平时，David 不苟言笑，看上去有点威严，大家对他有点畏惧。其实，David 为人特别友善、好客，就是在上班时比较严肃罢了。工段长特别喜爱谦虚好学的李斌。

1989 年冬天，李斌他们居住的小镇下了一场大雪，公寓周围白雪皑皑。一天，李斌正站在门口欣赏着雪景，突然，一辆轿车驶了过来，"嘎"的一声停在了李斌面前。李斌一看，原来是 David，便热情地招呼他回房间取暖。

"Hello，小伙子，来，上车，我带你去个地方"。David 大声说。

李斌以为公司又有什么零件要加工，马上回答："Yes！"

李斌上了车，才发觉车子不是向公司方向驶去，而是沿着湖滨大道往东行驶。大雪天，路上行人稀少，David 把车开得飞快。"去哪儿呢？"李斌正纳闷着，小车在一家大型超市门口倏地停了下来。平时颇为严肃的 David 耸了耸肩，拍了拍李斌的肩膀，说："小伙子，今天下大雪，知道你出来买东西不方便，我就带你到这个大超市买东西，哦，不是让你买，是让你挑，你喜欢什么尽管挑好了，我来"买一单"。他故意把"买单"两字的声音拉得特别长。在那时，"买单"还是一个颇为时髦的词儿。

李斌一下子明白了，脸唰地红了："这怎么好意思啊！"

David 催促李斌进了超市。见李斌并没有去取东西，便自己在各个货架之间拿食品。不一会儿，货篮里装满了五颜六色的巧克力、糖果，芬芳扑鼻的面包、蛋糕，新鲜诱人的水果、肉肠，还有鸡、虾、鱼等食品。David 果然自己全部买单。食品装上车后，David 又把车开到了李斌他们居住的公寓。

到了公寓后，David 又帮着把食品拿到房间里放好。David 和颜悦色地对李斌说，出国在外，你们一定要注意自己的健康啊！李斌连声说："谢谢，谢谢 David 的好意！"

这些食品，李斌和他的同事一连分享了好几天。

从那以后，李斌经常去看望 David，每次也都带着些礼物去。

就在李斌他们培训即将结束，准备回国的前夕，David 突然病倒了。李斌知道后，和同事一起买了食品，和鲜花准备去探望工段长。瑞士人喜欢鲜花是全世界出了名的。David 看见李斌和同事特意来看望，特别感动，听说李斌他们马上要回国、特来辞行，David 实在控制不住情绪，眼泪像断线的珍珠往下掉。"祝贺你们学习成功，回去后碰到有什么问题，就尽管来电话问。"David 还特意叮嘱："回国后一定给我来信啊"。

李斌和 David 的友谊一时传为佳话。

回国时，李斌的行囊中多了一本最新德文版的《数控机床编程实用手册》，这是瑞士朋友 Luka 特意送给他的。这本书日后对提高李斌的数控机床操作技术起了重要指导作用。

　　离开瑞士那天，很多朋友都到机场送行。身体尚未痊愈的工段长David 来了，技术员 Luka 来了，公司的一些管理员和技术人员也来了。他们挥动着双手与中国朋友依依惜别。

　　此后，每逢圣诞节，李斌他们总会收到来自遥远的瑞士朋友们寄来的贺卡。而每逢春节，李斌他们也会用贺卡给瑞士知己捎去美好的祝福。是的，那些五颜六色的精美贺卡，寄托着异国朋友之间深情厚谊。

带盐水瓶的空中乘客

在赶往上海国际会议中心的途中，厂长心里还有点惴惴不安：今天是去听李斌的宣讲，平时少言寡语、为人低调的李斌能讲好吗？

"下面，由上海液压泵厂的李斌同志宣讲！"主持人宣布后，李斌端庄沉稳地走上讲台，他目光平视，炯炯有神，语调平稳，从容不迫，抑扬顿挫，吐字清楚，娓娓道来，一下子征服了台下的听众。

"哟，怎么一下子芝麻开花，李斌像变了个人呢？"惊喜过后，厂长感到疑惑不解。

原来，为了到全国去巡回宣讲，李斌被送进北京人民艺术剧院"开小灶"，由老师专门为他辅导语音，纠正他的普通话发音。刚到北京时，李斌的普通话说得很差，一段时间后，开始字正腔圆，说的比谁都好。团中央领导告诉时任共青团上海市委书记薛潮："李斌发音的进步是最快的。"

李斌的普通话发音进步是他刻苦学习的结果，而工作上的成就、事业上的荣誉，莫不如此。

1980年，刚满20岁的李斌从技校毕业，分配到上海液压泵厂。李斌的师傅觉得这个年轻人很奇怪，上班时总是目不转睛地盯着机床看，闷声不响地干活，平时少言寡语，很少同大家交流。不过，师傅又发现，这个徒弟低调谦逊，聪颖好学，心灵手巧。随着时间的推移，他先后掌握了磨床、车床、铣床等加工技术，车间领导经常安排他去顶岗，而李斌到过的地方，师傅们都想留他。之后，他还干过机床维修、装配，一年学徒期满，李斌便掌握了金属切削加工全套技能，成为车、钳、刨、铣、磨的一把好手。

　　在冰冷的机器边，在默默地追求中，"低调做人，高调做事"的李斌，在上海液压泵厂奋斗了 13 个春秋后，于 1993 年第一次被评为上海市劳动模范。此后，李斌再接再励，各种荣誉接踵而来，成为引人瞩目的社会名人。 2004 年，全国总工会和中央宣传部联合决定，在全国职工中开展深入学习许振超、李斌的活动，为此，专门成立了李斌事迹报告团，到全国各地巡回宣讲。享有驾驭数控机床的"高手"美誉的李斌，平时讲话声音较轻，谈自己成绩时，总是忸忸怩怩，会像大姑娘一样害羞。他的普通话也不够标准，能胜任巡回宣讲的工作吗？能去庄严的人民大会堂演讲吗？厂长和同事们未免有些疑虑和担心。现场听了李斌的宣讲，厂长的疑虑和担心消除了。

　　说到演讲，还有一段故事。有一次，应安徽省总工会邀请，李斌赴合肥一家单位去做报告。第一天宣讲顺利结束，不料到晚上九点，李斌敲响同行的单位领导的房门，说自己身体不好，腰间和腹部痛得厉害，快支撑不住了。于是，大家陪李斌到合肥第一人民医院就诊。一查，是胆囊炎发作，很危险，医生要求李斌立即住院动手术。李斌一听，急了，说："不行，安徽的同志都等着，明天宣讲电视台还要直播呢。"无论怎么劝也没用，李斌坚决不肯住院。医生没法，只得先给他输液。到第二天上午，李斌的腹部还在痛，于是，宣讲团的工作人员先赶到会场，"李斌昨晚得了急病，正在医院吊盐水，今天宣讲怕来不了了"。听到这个消息，在场的人都很失望，刚想散去，没想到脸色苍白的李斌意外地出现在会场上。他的到来给"李粉"极大的鼓舞。在主席台上，李斌打起精神，强忍着阵阵腹痛，用洪亮的嗓音，宣讲工人阶级的使命和志气，鼓励青年工人刻苦学知识、学技术，当宣讲结束时，会场里爆出雷鸣般的掌声。

当天傍晚，李斌一行乘飞机回沪。由于盐水没吊完，放在包内，在安检时被机场人员拦下，不让他登机。随同人员只得到机场办公室交涉。到了办公室，只见一个机场高层管理人员正坐在沙发上看报。随同人员跟他解释讲李斌的特殊情况，他一口回绝，说有规定，登机者一律不能带液体。这时，李斌的一个徒弟眼尖，一眼看到那人手上拿着当天的报纸，在头版的醒目位置上，正巧刊登着安徽省委副书记和李斌握手的照片，徒弟连忙上去指着报纸，一五一十说明情况，并请他到检票口核对，那干部才客客气气将李斌放行。

电大尖子

1984 年 6 月，中央电视大学举行英语全国统考。在上海的电大考场里，有一个工人模样的学生在认真答题，他就是李斌。这是李斌入学后参加的第二次全国英语统考，上一次考出了 86 分。当考试结束的铃声响起，李斌自信地交上考卷，迈着轻松的脚步赶回厂里继续工作。

这一年，是李斌考入电大的第二年。

刚进厂那会儿，映入李斌眼帘的，是略显昏暗的车间，一排排陈旧的传统机床。由于使用久了，机床上的油漆已是斑驳陆离。十几年来，传统的机械加工模式就是"一人、一刀、一机"，工人上班就用双手操作着简陋的设备，生产效率很低，液压泵体、马达、斜轴等零件的加工质量不稳定，废品率高，精度不高。据说，我国一些出口的精密设备，外国厂商只要换上他们的部件，价格就能翻上好几倍。

李斌立志要改变这种加工落后的面貌。一种通过提高知识水平来改变局面的想法在他心中萌生。"提高产品质量和生产效率，光靠热情和苦干是不行的，必须改变加工方式，采用新的工艺和新的装备。要实现这个目标，仅仅靠我这个技校的水平是远远不够的，必须要掌握更多的知识。"李斌在心里对自己说。

20 世纪 80 年代初，数控技术和数控机床在中国还是一个朦胧的概念，那时整个中国可能还没有一台高端数控机床，而李斌却已敏锐地察觉到：数控技术是今后机械加工的一个方向，数控加工将引发机械制造的一场革命，传统的加工模式必然会被先进的数控加工所取代。

目睹眼前的现实，想到即将发生的变革，李斌深深感到自己知识的匮乏。为了适应时代的要求，他下决心要去学习全新的知识。

李斌开始四处打听。

当他打听到中央电大有机械专业向全国招生的消息后，十分渴望去报考。厂领导知道李斌的想法非常赞同，决定批准他去脱产学习。

李斌不仅激动，而且感动。为了能考进中央电大深造，他把全部业余时间都充分利用起来，为报考作准备。

深夜，万籁俱寂。在上海徐汇区长桥新村底楼一间小房间里，李斌正在埋头苦读。靠墙的写字台上，台灯发出微弱的光，边上的桌上，堆放着数理化课本、复习资料和一本本厚厚的笔记本，笔记本上记满了重点内容，还有一些只有他自己才看得懂的符号、线条和数字。在这间三代同堂的小屋子里，李斌每晚都要复习到深夜。

功夫不负有心人。终于，在"8:1"的录取比例中，李斌脱颖而出，一举考进了中央电视大学机械制造工艺与设备专业，成为82级的一名学生。

李斌徜徉在知识的海洋里。

在学校里，李斌总是很早来到教室，就是为了能听得更清楚些而坐到前排。上课时，他全神贯注地听讲，专心致志地记录，生怕漏掉一句话。李斌以前学的是俄语，而现在，要从头开始学英语。他买来英语词典、英语读物和英语手册，如同海绵吸水般地学习、背诵。从天山新村的家到电大上课，路上要换两辆公交车，要花两个多小时的时间，他充分利用这段时间，在公交车上默默地背诵英语单词、短句、时态公式和介词用法。没过多少时间，李斌就掌握了4000余个英语词汇。每逢星期天，他就到书店或图书馆去查阅资料。硕果，青睐孜孜不倦的耕耘者，李斌的刻苦努力得到了回报，全国统一命题英语考试中，他的成绩都在85分以上。

一天，老师把李斌叫到办公室，对他说："经过我们的观察和研究，决定请你担任班级的学习委员，你看怎么样？"李斌愣住了："班级里学习成绩比我好的同学很多，为什么要选我呢？""当然，确实有学习成绩比你好的同学，但你是全班最刻苦的，学习态度也是最好的。"老师的评价使李斌深受鼓舞，他同意"试一试"。"担任学习委员这一职务，这是对我的一种鞭策呀，我一定不辱使命，完成任务。"李斌暗自下定决心。""有准备的学、带着疑问学、大家一起讨论着学"，这是学习委员李斌倡导的学习方法。他和同学们一起，一天天积累着知识。秋去冬来，三年电大生涯，一千多个学习日，李斌从来没缺席过一堂课。路上与课本为伍，回家和笔记为伴，他不知疲倦如饥似渴地学习着。就这样，李斌以坚强的毅力和不懈地努力，学完了高等数学、电气制造、工程力学、机械制图、材料处理等 20 多门课程。

电大考试是全国统考，每门学科考试都像参加高考一样严格。有一次，一个学期就考了 8 门课程。班上有将近一半的同学在考试后被淘汰了，而李斌在电大学习的 36 门课程中，有 35 门的考试成绩超过 80 分，他的毕业论文被评为"优"。李斌不但以优良的成绩毕业，而且还荣获"三好学生"的殊荣。在毕业典礼上，同学们纷纷向李斌投去了羡慕的目光。

三年苦读，李斌终于拿到了中央电视大学机械专业的大专文凭。

1985 年，李斌功成名就，回到工厂。通过电大学习，李斌对机械制造从理论和实践上都有了一个飞跃，他把学到的一系列定律、原理、公式、演算、推理、判断等，都得心应手地应用到工作实践中，工人们都非常佩服，给电大尖子李斌起了个"大学生工人"的雅号。那时，大学生当普通工人还是"稀罕物"哩。

戴上了学士帽

1998 年 9 月，李斌被上海第二工业大学录取，他攻读的专业是机械电子工程系本科。

拿着录取通知书，李斌不禁心潮澎湃。37 岁那年，他实现了由初级技工到专家型工人的发展目标，成为企业和全国液压行业公认的数控技术专家。37 岁的李斌已经熟练掌握了金加工全工种技能、数控机床全机种应用技能（5 型 17 台）和全方位的工艺技术（机械、电气、编程、调试、工装、维修）。而他没有止步，也不想止步，李斌心中有着更高的目标。

于是，这位阔别学校 13 年的一线技术工人，又回到校园，实现了他 1985 年电大毕业后渴望再次进入高等学府深造的夙愿，李斌立志成为一个名副其实的专家型工人。

电大是脱产学习，而工大则是业余时间学习。有一位夜大老师曾经这样描述夜大学生的生活："夜大就是没有休息天，没有节假日，在这期间，你将无法享受任何娱乐活动，而只能忍受寂寞。"为了不影响工作，李斌选择了每周两个晚上和一个休息天的业余时间学习，并主动提出每天提早一个小时上班。工大晚上上课的时间是六点钟，李斌四点半下班，要赶十几公里的路程到普陀区宜昌路的二工大分校上课。由于时间很紧，一下班，他常常顾不上洗掉双手的油污，就骑上助动车，花费一个多小时时间赶到学校。进了校门，李斌先去洗手间，把手洗干净，再擦一擦自己疲惫的脸颊，清醒一下头脑，然后走进教室，全神贯注地听课。有时候，下班迟了，他一看时间来不及了，晚饭也顾不上吃，就赶到学校上课。他宁可饿肚子，也不愿迟到。

有一次，因为急着要赶去上课，李斌一不留神竟然闯了红灯，被交警拦了下来。李斌红着脸，老老实实地拿出了自己的证件。警察一看，说："你就是劳模李斌吧？是有急事吗？"李斌诚实地点了点头，也没说什么。警察又说："你快走吧，下次可要小心啊。"李斌这时才说："我因为怕上课迟到，急于赶路，所以……"

还有一次，李斌上课又迟到了。他满头大汗地走进教室，刚准备落座，正在上课的老师瞥了他一眼，用批评的口吻说："李斌啊，我看你要端正一下自己的学习态度，经常迟到不太好吧。"李斌的脸一下子红到了耳根，他低着头什么也没说。下课以后，李斌走到老师面前，轻轻地说了一声："老师，对不起，今天车间里正好有一个零件要突击，实在走不开。"这时，一位同学主动走到老师面前，把李斌的实际情况一五一十地告诉了老师。老师感到自己错怪了李斌，心里有些愧疚。他想了一想，对李斌说："既然你这么忙，那就减少一点学习内容吧。"听老师这么一说，李斌着急了，连忙说："那可不行，学习内容不能减，以后我尽可能按时到校，不落课程。"看到李斌态度这么坚决，也就罢了。

李斌不仅没在学习上减少内容，甚至还给自己加压。有时候课程落下了，他就向同学借笔记，回家再晚，也要把当天的课补上。遇到不懂的问题，他就虚心向老师和同学请教，直到把问题彻底弄清楚为止。学校考试前，厂领导关照李斌："可以不用来上班，要在家里好好复习。"可是，大家还是天天看到李斌在车间里忙碌着，他不愿意因为考试而耽误车间的生产。

    1998 年 12 月上旬，李斌赴京参加"中华技能颁奖大会"，他的行李箱里还带着课本和笔记本，原来，李斌有自己的计划：利用会议间隙预习功课，完成作业。

    转眼到了 2000 年，李斌的工大学业过半。这一年的 3 月 2 日，是厂里一款新产品 SCM01 进入装配阶段的日子。当天，由于外协的液压泵上下壳体压铸件在下午 4 点半才到厂，到厂后务必马上运用数控机床加工。李斌在第二工业大学上完课已经是晚上九点了，接到厂领导下达的任务后，他立即赶回车间，协同有关部门通宵夜战，一直加班至第二天中午，整整工作了十四个小时。李斌对装配中出现的问题一一核对，一一检查，发现并纠正了 7 个主要毛病，并临时设计、改进加工图纸。他熬红了眼睛，却毫无怨言。

2001 年 6 月，李斌荣获上海市优秀党员称号。这年 7 月，李斌大学毕业了，他的成绩单是老母鸡下蛋——刮刮叫：高等数学 90 分，积分变换 98 分，机械设计 98 分，理论力学 92 分，计算机应用基础 86 分，并以优异的成绩顺利通过毕业设计和毕业答辩，取得了机械电子工程专业的本科文凭。

2001 年 12 月 1 日，上海第二工业大学举行毕业典礼。工人李斌穿上了神圣的黑色学士袍、戴上了学士帽，接受了学校为他颁发的学士学位证书。

同一天，李斌被学校聘请为"高级客座工程师"和"人生发展导航导师"。李斌接过学士学位证书和这两个头衔聘书的时候，激动得热泪盈眶。

刀具痴迷

外面的世界很精彩，令人着迷的东西很多，而李斌迷的却是数控机床离不开的刀具。人称"刀具痴迷"的李斌迷出了名堂，迷出了效益。正是由于这种痴迷，在李斌手下，解决了不计其数的刀具难题。

李斌乐于磨刀。

1980年9月，李斌从上海液压泵厂技校毕业，被分配到二车间学铣工，后又学习车工。做车工，磨刀是基础，李斌迷刀就是从那时开始的。简单的磨刀，学个把月就行了，但要想真正掌握磨刀技术，绝非易事。

车间里有一个零件压板，是从圆形棒料上一片一片割下来的。由于磨刀要求非常高，所以每次车间调度安排这活，都交给师傅们做。而李斌和师兄们磨的刀，割下来的压板不是凹的就是凸的，不是像个瓢，就是像个盖，要么就是振动断裂。同事们看到加工出来的零件都笑弯了腰。

李斌一心想要磨出好刀。

他把车间的废刀收集起来，利用中午吃饭时间，拿到砂轮间去磨，每次磨好刀，身上都弄得灰不溜秋的，不知磨了多少废刀，自己认为可以了，才拿去给师傅看。师傅对他磨好的刀进行评论，还把自己磨好的刀让李斌拿去试切削，再根据试切时出现的问题进行分析，并告诉他要领。对于这些要领，李斌都默记在心。晚上回家后，再对照书本，对刀具的角度、切削参数、切削用量、刀具的材料等进行深入细致的研究分析。通过长时间的磨刀，李斌不但把车床磨刀的手艺练得很精，磨出了好刀，而且对车间刀具的切削参数进行了改进，从而提高了工效。

李斌善于选刀。

随着数控机床的引进，李斌的工作重心逐步转移到了数控刀具上。作为数控机床附件配置的刀具非常有限，有的刀具适用范围不大，许多时候加工零部件需要自己选配刀具。

为了选一把称心如意的刀具，李斌常常不辞辛劳、四处奔波……

那天，在滂沱大雨中，一个身披雨衣的中年男子，骑着自行车，沿街一个个店铺寻找着。这几天，这个中年男子四处奔走，差不多跑遍了整个上海。终于，他在杨浦区许昌路上一家门面不大的刀具店前停下了脚步。根据他的要求，老板哗啦啦拿出十几把刀具供他挑选。他一把一把察看、比较，神情是那么专注，连雨水从雨衣褶缝里流进脖子也未发觉。当他看中其中一把刀具时，显得爱不释手。他和老板谈起了价格，

价格谈不拢，他佯装着要离开。"买刀哪有像你这样砍价的，你也要给我们吃一口饭啊。"刀具店老板不耐烦地说。

"厂里穷啊，买东西总要还价的。"中年男子边说边脱下雨衣。老板下意识一瞧，这个讨价还价的顾客穿着工作服，工作服上"电气液压"四个字映入眼帘。

"你们厂有个李斌是吗？"望着眼前的顾客，老板不由得眼睛一亮。原来店老板也是一个有心人，因经营刀具而常关心、留意与刀具、机械加工关联的新闻，"电气液压"有个数控能人李斌的信息早已储存在他的脑海里。

正当中年男子支吾着不置可否时，有个客户气呼呼地从外面进来，手里拿着一把切削刀，说是昨天在这里买的刀具不能用，要求退货。店老板被他一嚷，吃不准了。

店里的气氛显得有些凝重，这时，边上的中年男子从要求退货的客户手中接过刀具，仔细察看，问明情况后，便向这位先生详细介绍了这种特殊刀具的适用范围和特性，并给出了使用建议，那个客户听了频频点头，目光中充满了惊异、敬佩和感激。

"你就是李斌，我在报纸上见过你的照片！"等那客户走后，刀具店老板激动地说，对于自己的"重大发现"，他显得非常兴奋。老板和李斌聊了起来，聊着聊着，他还想把李斌从"穷厂"挖过来呢。李斌只是憨厚地笑笑，仔细地把新买的刀具用纸包好。

"这刀具原来是进口的，是用了某某牌号最好的钢后，国内制造出来的。"

临别时，刀具店老板无意中一句话使李斌突发灵感。他离开柜台走了几步后，又停下脚步，迅速回到柜台前。望着刀具店老板，抱歉地表示："厂里真的很穷，看来这个'优惠价'还是太贵，而且，这种刀厂里用量很大。"

"那……要我再优惠？"刀具店老板感到诧异。"不！"李斌坦诚的表示：想直接去买这种"最好的钢"，再自己批量生产厂里需要的刀具。望着眼前这位专业、敬业的数控能人，刀具店老板佩服得五体投地。从此，这个老板逢人就讲，国家技能大师李斌是他的"铁哥"、"高参"。打这以后，液压泵厂不管需要什么刀具，只要李斌一个电话过去，他不但提供"出厂价"，还可以赊账哩。有一次，这个刀具店老板横穿半个上海，送货上门，为的就是能看一眼李斌现场操作。

李斌还善于设计、研制刀具。

数控机床加工零件，刀具不是万能的。有相当一部份工件加工，尤其是在一些攻关项目中的试制阶段，没有现成刀具，只能自己研制。在实施柱塞泵项目攻关中，李斌经过研究，研制了一种特殊刀具。这种刀具既要在柱塞筒内腔很小的空间完成几个"规定动作"，又不能因刀杆长而患上"软骨病"。经过深思熟虑，反复推敲，李斌凭藉着扎实的传统加工的技术功底，采用车、磨、铣、钻四种加工手法，制成一把圆棱形相结合的镗刀。"洋机器"配上新刀具后，柱塞筒内球面加工质量产生了质的飞跃，精度提高了两个等级，节省了两道工序，只化一个多小时，就可以完成原来一天的工作量。通过专家评审，李斌的这把刀获得了"上海市职工十大绝技高招"的殊荣。

成为"数控王"

上世纪八十年代，李斌先后两次被派往当时世界上液压制造技术最先进的德国海卓玛蒂克公司瑞士分公司，作为劳务输出人员进行工作，并学习数控机床操作技术，从此李斌爱上了数控机床。

八十年代末，上海液压泵厂第一次引进了国外的数控机床，李斌看到新进厂的数控设备，便主动找到厂长说："能否让我去试一试。"厂领导经过慎重讨论，决定把引进的数控机床设备交给李斌去开发。此时的李斌知道，要想把这台洋机器开动起来，面临着很多难题。如数控加工工艺、工装夹具、刀具等，都需要自己想办法解决。面对先进的加工设备和车间同事们怀疑的眼光，好学和好强的李斌开始查看资料，制定零件的数控加工工艺路线，设计零件的工装夹具。由于数控机床的加工精度高、稳定性好，李斌还经常要求把难加工的、精度高的零件都安排到数控机床上加工，这无疑又增加了很多难度。

记得有一次加工军工零件的阀体，同事都知道这种零件加工难度大，报废率高，但李斌还是要求到数控机床上加工，他表示，在数控机床上一次装夹加工完成才能保证零件的位置精度，同事们都不解，李斌就自己设计工装夹具，但面对阀体上大大小小的几十个孔，刀库刀具也装不下，他就自己想办法，自己画图纸，把几把刀才能加工的台阶孔合在一起设计加工出组合刀具，顺利地解决了刀库无法安装更多刀具的问题，同时又保证了零件的质量，按时完成了军工阀体的加工任务，慢慢的，李斌就成了同事们眼中的数控操作能手。

这几年，车间的数控机床越来越多，李斌在编程、调试的同时，还利用业余时间去读书学习，他逐步掌握了编程、调试、工装、维修四大技能。有一次，车间一台进口机床因为存储器里电池没电了，导致系统程序和参数全部丢失、机床无法运行，让外方人员来修，报价要好几万。李斌主动请缨，他利用自己学来的知识，翻阅资料，从另一台机床里把参数导出到这台机床，再对每条参数进行对比输入，面对几千条参数，他仔仔细细的对比修改，终于使这台进口机床起死回生了，不但为厂里节约了维修成本，也让同事们刮目相看。

无论在数控编程、调试方面，还是在工装设计、维修上，李斌都大有进步，他的名气也越来越响，只要数控机床出现故障和加工中遇到难题，同事们第一个想到的就是李斌，因此，李斌成了同事们眼中的"数控王"。

乐与机床为伍

　　每天早晨，他都穿着蓝色的、胸前印有"电气液压"字样的工作服，在自己熟悉的车间里"悠哉"，在车床、铣床、磨床边"溜达"。问问生产情况，解答技术难题，那些熟悉的机床仿佛是他的孩子，那氛围令他舒坦。真的，有时身体不舒服，疼痛、难受时，只要一踏进车间，一回到机床边，就如同服了一帖"特效药"，立马集中心思、沉醉其中，于是什么不适、烦恼，都扔到爪哇国去了。他就是著名全国劳模李斌。

　　2002年初，液泵厂接到一个国家专用产品的加工任务。这种产品，液压泵厂虽然也生产过，外壳却是委托外加工的，加工费用每台为8500元。为了剩下这批产品机壳的加工费，李斌主动向厂长提出："我们自己可以在数控机床上试试。"于是，他又一次把人"泡"在了车间，把心"系"在了机床。

　　这种国家专用产品的外壳长300毫米，宽260毫米，高140毫米，体积如同一个小型的家用微波炉。在这么一小块地方六个截面上，大大小小的圆孔有105个，深深浅浅的槽子有12道，集铣、车、镗、钻、铰等多道工序，而且加工的各部位之间的三维空间的位子精度和尺寸精度的误差要求在2丝以内，即头发丝的四分之一。而厂技术科没有现成资料可借鉴，李斌接下任务后便一头扎了进去。白天，他在车间解决正在做的其他产品的技术、设备等问题，晚上，把图纸带回家中，反复思考。经严密测算，整个生产过程需要各种刀具78把，其中14把外面买不到需要自己做；需要工装夹具2副；还要完成全部工序的数控编程……在李斌带领下，在其他部门的密切配合下，刀具、夹具和数控编程均一一完成。春节放假前两天，一台数控加工中心、一台数控铣床开始试运转，经过日夜调试，产品的外壳加工已不存在技术障碍。

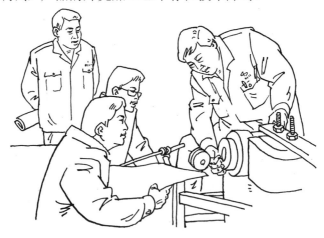

厂里要求李斌工段在3月中旬完成机壳加工任务，可是李斌考虑到这种产品加工试制难度大，在试制过程中会可能出现不少意料不到的问题，为了掌握主动权，一定要在3月上旬完成机壳加工任务。

大年初三刚过，李斌工段的几部主要数控机床就开动起来。李斌又日夜忙在车间里，小组保质保量提前在三月初完成了壳体加工任务。产品的质量在有关方验收试用时得到一致肯定，额外的收获是，厂工艺科增加了一份加工这种产品的工艺标准文件，为后续生产提供了保障。

当年7月，厂里好不容易筹集到98万人民币，从日本购买了一台"玛扎克"数控车床，这台设备进厂后，工人们发现不仅缺少配件，而且连夹头、软爪、硬爪也没有，如需要还得追加10余万元订购配件，李斌获悉后，又一次向厂领导提出"让自己在厂里加工试试。"

这不，李斌再一次钻进车间、围着机床忙碌开了……

谈判桌上的高手

通常，每逢企业与外商谈判，总是由领导出面、而不会有普通职工参与的。而在上海液压泵厂，却有一个不成文的规定，但凡与外商或其他供货方进行商务谈判时，一定要请李斌出场。

为什么有这样的规定？答案在下面的故事中。

为了扩大生产，提高生产效率和质量，以适应市场对高端液压泵的需求，厂领导决定引进一台数控机床，他们把引进的目标确定为一家外国公司。

1996 年 7 月的一天，在完成了各项前期准备工作之后，商务谈判在工厂的会议室里开始。

会议室内，一方是厂里的有关领导，李斌坐在一个不起眼的位置，一方是外方专家。一阵友好问候之后，随即进行价格谈判。外方单刀直入，开口就是 126 万元人民币，在陈述报价理由时，外方专家把数控机床附件列成了分项目，同时把数控机床固化的程序也作了价，这个价格是 26 万元人民币。

按照购置预算和谈判策略，厂方旋即要求取消 26 万元的数控机床固化程序价格。但是，外方却坚持要按照他们的所谓国际惯例，收取这一笔技术专利附加款。厂方表示不能接受，这样双方你来我往，互不相让，谈判陷入僵局。

这时，李斌不慌不忙地站了起来，看着外方灼灼逼人的眼神，用平缓、沉稳的语气说："按我的经验，机床固化程序不应再次计价。"

外方打量着这个敦实憨厚的年轻人，开始有些意外，当发现他穿着一身蓝色工作服时，立刻显示出不屑一顾的神情，大不恭敬地责问："按你的经验？你的生产经验是什么？难道能和我们的知识产权抵值？"

李斌从容地打开准备好的资料，对外方强调知识产权的数控解锁程序逐项进行了分析，而后理直气壮地作出结论：被列入报价的固化程序的许多功能，我方其实并不需要购买，因为我们有足够的技术力量来解决，这不是没有先例。"假如不信的话，我可以当场打开这些程序！"李斌胸有成竹地表示。

外方专家听了，大吃一惊，一个不起眼的中国工人居然对高、新、尖的数控机床性能如此熟悉，对固化程序包含着的数以万计的复杂参数，竟了如指掌，实在是不可思议。

很显然，外方在谈判桌上已经输了一个回合。他们又别有用心地提出质疑："你是否用过我公司的机床，或得到过机床的设计资料？"

"没有"，李斌用平静的口吻回答："你们提供的只是产品介绍和照片，我看到的就是这些东西。"

外方无言以对，不知遇上了何方神圣，光凭一纸介绍，就能参悟极具技术含量的固化程序玄机。厂长和参加会谈的中方人员忍不住都笑了。厂长从外方专家的眼神中看出了他们的疑惑，便解释道："他是我厂的一位技术工人，也是一名机床专家。"

外方专家将信将疑。因为一个普通技术工人，能解开如此高深莫测的数控程序的奥秘，这在其他国家是闻所未闻的。

此时正是盛夏季节，虽然会议室里开着空调，但外方代表却个个额头冒汗。因为，一个普通的中国工人，对他们所引以为荣的尖端技术发起了冲击和挑战，这种冲击和挑战势必带来竞争的压力，将使他们在商场失去居高临下的优势，也许，这不仅是今天，还包括明天和将来！

接着，李斌对一个个数控参数进行了解析，又对一个个车刀轨迹进行了精确的预测。外方代表无不叹为观止。最后，外方代表完全遵从厂方的意见，与上海液压泵厂签订了以100万元的价格出售数控机床、不再收取任何技术附加费的优惠合同。同时，他们也牢牢记住了谈判桌上这位貌不惊人的高手的大名——中国工人李斌。

砍掉 23 万元

2002 年年初，上海液压泵厂准备向一家机床公司购置一台加工中心数控机床，该公司推荐的是一家颇有名气的台商。

那天，这家台湾机床制造商来上海液压泵厂进行商务谈判，这位台商有点来头，对数控机床颇有研究，是这方面的专家。

来到会议室，双方刚坐下，台商就开始推销自己的产品。他口若悬河，滔滔不绝，类比国内外同行生产的数控机床，介绍自己的产品质量如何可靠，技术如何先进，而且旁征博引，得出"一花独秀"的结论。夸耀的目的就是为出高价作铺垫。

厂领导和李斌一面听他介绍，一面在思考对策。谈判桌上的气氛略显紧张。

果然，一番夸耀后，台商给出了一口价——120 万元人民币。"千万不要错过今天这个难得的机会，更不要不识货，错把金子当铜器哟！"这位台商特别提醒道。

"小李啊，刚才的产品介绍你都听了，现在就请你谈谈意见吧。"厂长对坐在一旁的李斌说。

台商听了不禁一愣，从走进门开始，他压根儿没把这个穿工作服的工人放在眼里，而且心里还一直在犯嘀咕：这家工厂也许庙小容不得大和尚，请不来专家当高参，让一个工人来凑合着参加谈判，普通工人又能谈出什么名堂来？

感到迷惑的不仅是台商，还有随从，大家竖起了耳朵，想听听这个工人到底有什么本事，让液压泵厂的厂长把他抬举得那么高？

李斌开始了谈判发言。

他把台商打算出售的加工中心机床的质地、性能、功率、适用性，一一作了客观评析。台商和随从听了，都对他刮目相看。

接着，李斌又把此类加工中心在国内外所经历的几个发展阶段，每个阶段的主要技术改进过程也说得清清楚楚。台商和随从听了，对他敬畏三分。

而后，李斌还逐一罗列了这台加工中心机床工作时的优点、缺点，具体地指出了那些存在的缺点会在加工过程中会出现的问题和后果，以及使用单位必须采取怎样的措施，投入多少人力、物力，方能予以修正、克服……

李斌对数控机床入木三分的分析，令台商和随从惊骇不已。

最后，李斌以平静的语气给出三点意见：一、这台机床导轨比较老式，存在许多有待修正、改进的缺陷；二、对方所推荐的一部分附件，不应当另外加价，因为该机床销售时，这类附件的价格已经记入了整机价格；三、控制系统在尚未做出改进的前提下，不应当开列高价。

李斌的三点意见，犹如三把犀利的解剖刀，把台商的"王婆西瓜"给刨开了。台湾老板和随行的专家都眨巴着眼发着愣，他们压根儿没想到：在内地会遇到如此强有力的对手，对产品的熟悉程度竟然会超过制造商。而且，如此慧眼独具、几乎无所不知的高手，是个一线工人！

台商无言以对了。

瞬间，台湾客商原本拥有的信息、技术优势，以及由此产生的心里优势都荡然无存了。他们心服口服地表示：加工中心机床内的部分功能，既然液压泵厂认为有缺陷或不需要，可以无需计价。

在这个前提下，双方经过友好洽谈，整台机床以 97 万元成交。

从 120 万"一口价"，到 97 万元成交价，李斌一下子砍掉了 23 万元。

群雁高飞头雁领

"厂里要成立李斌小组,现在已经张榜,要招聘小组成员啦!"

1996年5月的一天,液压泵厂厂区大道上异常热闹,一群工人围拢在一起,观看黑板报上张贴的一则关于成立李斌小组并招聘成员的启事。

消息象长了翅膀似的在厂里传开,工人们争前恐后地报名,生怕失去机会。

当时,李斌已经两次被评为上海市劳动模范,还荣获了全国机械工业部劳动模范、上海市首届十大工人发明家、上海市"三学"十佳状元、上海市优秀共产党员、全国五一劳动奖章、全国杰出青年岗位能手等殊荣。

当时,李斌已经成为企业的品牌,成为企业文化、企业精神的代表,成为大家心中的楷模。李斌的事迹和思想深深地感染着全厂广大职工。

为了弘扬李斌精神,组建以李斌为榜样的优秀团队,培养更多有道德、有技艺、有纪律、有创新意识的优秀职工,厂部决定成立李斌小组,并向全厂公开招聘成员。

无疑,这是一个相当有眼光的决定。

经过一番考评,由来自全厂各车间的27名组员组成的李斌小组正式成立,所有成员都有一定的操作基础和经验,但对数控机床还很陌生。

于是,李斌做的第一件事,就是在小组里成立数控知识培训班。

培训教材既有部颁专业的，也有自编的，相互结合。每天生产间隙和午饭休息时间，便是大家学习数控知识的时间，先由李斌讲解，现场示范，然后，大家轮流上机学习、操作。

这是一个欢乐的时刻。茶余饭后，大家议论最多的就是数控机床操作的事。学习时，有什么不懂的，只要提出来，谁知道的，都可以当"老师"。操作时，大家来观摩，小组学习的气氛日渐浓厚，凝聚力不断增强。不到半年时间不少职工已经能独立操作机床了。不仅如此，经过严格训练和刻苦钻研，小组成员从最初一人操作一类一套数控机床，到一人能操作 3 类 4 台数控机床。遇到不同的加工零件和不同的加工要求时，全组成员都能互补完成，从而有效提高了生产效率。

俗话说，熟能生巧。在李斌的言传身教下，小组成员养成了小改小革的习惯，技术创新在小组内蔚然成风。

每逢组员有小改小革的成果，同伴必然会分享。

　　一次，在加工柱塞筒内球面时，大家遇到了难题。以往用普通机床加工，用的是麻花钻刃磨成半圆刃口，再切削柱塞内壁，这种加工方法精度较差，几何球面也不规则。经过反复研究，李斌设计制作了一把半圆体镗刀来加工，果然大大提高了精度和效率。后来，受李斌改进的启发，小组里两位组员又在这把镗刀上削去了一个30度的角，又提高了加工效率。过了两天，他们又在刀把中钻了一个孔，让冷却液直接从这个孔流到刀头上，使加工过程更完美、更省时。大家对这个改进都拍案叫绝，小组里洋溢着欢乐的气氛。

　　长期扎根在一线的李斌，极为重视班组的建设。他说："班组是一线阵地，我们要守好阵地，就要把工作做实，把提高组员技术放在重要位置。"在班组建设上，李斌也颇有心得。他总结出了班组四大"工作法"：技术攻关创新法、示范带班管理法、岗位传技互助法和班组目标激励法。此外，他还提出了班组四大文化建设目标：创建班组学习文化、创建班组团队文化、创建班组人本文化和创建班组创新文化。

　　李斌小组工作法和文化建设目标是小组成员丰富实践的总结，是对班组建设作出的贡献，也是对企业发展作出的一种承诺。这些工作法和文化目标是李斌辛勤付出的结晶，体现出一种团结协作、同心协力、荣辱与共的集体主义思想，它使全体成员始终愉悦欢快地工作生活在一起。班组已经成了一个欢乐的家庭。

　　据统计，李斌小组自1996年5月成立至1997年2月，短短的9个月内，就完成小改小革项目14个，为企业节约资金81.1万元、外汇1.8万美元。

　　1997年3月，李斌小组被上海市总工会宣传教育部和上海市振兴中华读书指导委员会评为"上海市三学百优先进班组"。

1997 年 4 月 4 日，上海市隆重举行"新时期工人的杰出代表李斌事迹报告会"，上海市总工会向全市职工发出《关于在全市职工中开展向李斌同志学习的决定》。

4 月 6 日，上海市机电工会、液气公司和液压泵厂联合举行李斌"谢师会"。会场里，报春花绽开着娇颜，大家的脸上洋溢着笑靥。在发言中，李斌由衷地感谢各级领导对他的培养和帮助，言语间透露着一个普通工人由衷的感激之情。

李斌小组的成员簇拥在带头人周围，纷纷向李斌赠送纪念册。纪念册里的祝愿词表达了大家对他的敬仰之情："工人楷模、激流勇进"、"液压泵厂培养了李斌，李斌为液压泵厂带来了希望"、"学李斌精神，创国企雄风"，"机械是一个五彩缤纷的世界，祝愿你在这个领域里翱翔"。

在改革开放的大潮中，李斌带领着小组不断前进。至 2003 年年底，李斌小组共完成工艺攻关 201 项，完成产品加工工艺编程 1500 条，提高生产效率 3 倍以上，直接创造经济效益 830 万元，为数控机床排除故障百余次，近几年先后四次排除较大故障，为企业节约维修资金 30 多万元。

创新无止境。在 2000 年的最初几年里，李斌和他的小组完成新产品开发 23 项，其中达到国际尖端水平的军用产品 2 项，完成国家级重点军用项目 8 项，完成民用液压泵产品开发 8 项，为工厂经济效益和社会效益做出了重大贡献。

李斌小组连续多次被评为上海市劳模班组和全国文明示范班组。

每当获得一项荣誉，李斌小组成员就会想到大班长李斌，都会向他表示祝贺。李斌也和大家一样，分享着荣誉带来的喜悦。

帮 K 先生解围

话说 1996 年 3 月，春寒料峭，不时有寒风刮过。一天，上海液压泵厂来了一位高个子外国人，他就是 K 先生，瑞士数控专家。数控专家拎着一个装工具的小箱子，在工厂领导的陪同下走进了车间。车间领导对远道而来的专家说："等你任务完成了，我陪你去看看大上海黄浦江两岸的景色。""OK！" K 先生显得十分高兴，他对自己的技术非常自信。

K 先生来干嘛？原来，当时厂里引进了瑞士的一台数控机床，由外方专家进行调试，这次 K 先生就是担着这项使命来到了厂里，负责调试这台高精度数控机床。正巧，李斌操作的机床就在旁边，"我可借此机会向瑞士专家学习学习数控机床的调试秘决。"李斌心想

这天，K 先生熟练地从电脑程序、机械原理着手，开始调试。第一天过去了，调试很顺利。第二天，K 先生又从电气设置、工艺路线方面进行调试，也比较顺利。可到了第三天，K 先生要调试刀具位置了。他采用了多种不同的方法也没能把机床调试到位。一连几天，K 先生愁眉不展，他仿佛无计可施了。尽管他对上海这座美丽的城市有着好感和兴趣，但机床不听"命令"，依然我行我素。望着外面晴朗的天空，他哪有什么兴致参加厂里为他安排的游览活动呢？

眼看就要到回国的日子了。K 先生只能提前一天预订了回国的机票。他心里明白，此行未能完成公司交给他的任务，回去后，自己的专家身份也将因此而受到质疑。为此，他心急如焚，忐忑不安。

此刻，他站在这台不争气的机床面前，神情显得非常沮丧。

李斌把这一切都看在眼里。

就在 K 先生感到无可奈何，并打算不再作任何努力的时候，李斌便走了过去。他用流利的德语友好地与 K 先生打了招呼，有礼貌地询问了一些技术性问题，之后，用向专家投去了征询的目光，说："K 先生，我能看看你那个摆放刀具的盒子吗？如果您不介意的话。"

K 先生颇感惊讶："这个年轻的中国工人要看我的刀具，是什么意思？"

K 先生心里是不愿意的。他的心里正窝着火呢。但，出于礼貌，K 先生还是将那个盒子递了过去。

"难道盒子里隐藏着什么秘密？他也懂德文？" K 先生心里嘀咕着。

李斌接过盒子，打开后，仔细看了看，便指着盒子上标明的刀具圆角度，又指着机床上用德文标示着的设定的程序规定，平和地对他说："您是否注意到，刀具的圆角度和数控机床的设计程序，它们之间相差0.2度，这是不是您调试不成功的主要原因呢？哦，对不起，这是我的一点想法，不知道对不对，只供你参考。"说罢，李斌微微一笑。

听了李斌的分析，K 先生方才恍然大悟。他摇了摇脑袋，耸了耸肩，自嘲地说："天哪，我竟然会忽视这么一个简单的问题！真是见了鬼了。"

根据李斌的提醒，K 先生马上重新进行调试，把刀具的角度调整到位，果然，困扰瑞士专家多日的问题迎刃而解了。机床调试圆满完成，K 先生心里自然万分高兴，只是，他不知道这个年轻人是怎么知道这个诀窍的。"这个中国工人居然如此熟悉数控机床，能马上找到问题的症结所在。正是他这个看似不经意地提醒，才帮我解决了一个至关重要的问题，使我摆脱了尴尬的处境。" K 先生心里对自己说。

　　正在这个时候，厂领导心急火燎地赶到现场，他希望 K 先生尽快把机床调试好，以便马上投入生产。看到厂领导过来了，K 先生立即迎上前去，告诉他，机床已经调试完毕，可以投入使用，同时，指着李斌说："他是贵公司的工程师吗？"厂领导不解地看着 K 先生，不知他问的是什么意思。于是，K 先生向厂领导介绍了调试成功的过程，一再赞扬李斌是数控机床的优秀调试员和操作者。他对李斌充满着敬意。厂领导这才恍然大悟了。

一人多机

液压泵厂不大，进厂顺着绿荫道走，半道左侧就是数控车间，右侧是一片绿地，车间大门对着那个大花园，煞是养眼，更让人回味的是，初春时光伴随着修剪草坪时散发出的那种清香，沁入心扉，真叫惬意。

进入车间，放眼望去，柔和的灯光下是体态不一、错落有致的数控机床或加工中心，欢快的运转声此起彼伏，时而低沉，时而悠长，一个身穿着蓝色工作服的身影穿插其中，或操纵按钮，或装卸工件，有条不紊，那一招一式显得那么娴熟，又那么自信，他就是全国著名劳动模范李斌。

在 2015 年底到 2016 上半年的调整过程中，液压泵厂的人员减少了近一半。而近三年，伴随着工程机械行业的复苏、井喷，厂里的产量直往上窜，相比于 2016 年低谷时的年产销 3000 台，2017 年产销增长到了 8000 多台，2018 年又增长了近 80%，达到 14000 台，2019 年将实现 18000 台的历史新高。让人惊讶和疑虑的是，在设备等硬件设施并没有什么大变化的情况下，他们是如何做到的呢？

那还得从头说起。

在上世纪八十年代和九十年代初，数控机床在液压泵厂还鲜为人知。为开拓视野、普及国外的先进技术，李斌自编教材，给青年们上课。他先认真备课，上课时，循循善诱，因人施教。比如一部机床发生了故障，李斌知道毛病在哪，可他不说，先要求徒弟看说明书、看图，不懂的话再阅读由他推荐的书籍，在理解和消化的前提下，找出问题所在。这样重视基础理论，放手让徒弟尝试，关键时刻点拨一下，有利于牢固掌握技术，培养徒弟动手解决问题的能力。青年们上中班，晚上八、九点钟碰到问题，打电话给李斌，不管多晚，他都会赶来解决，有时到深更半夜十二点甚至凌晨才回家。带徒弟时，他的第一句话是"好好做事，学一行，爱一行，专一行，认真踏实做好每一天工作。"针对一些青年计较工资待遇的情况，他常说："有眼光看前途，没眼光看钱，人不能斤斤计较，钱不是人生的唯一目标。"、"企业要靠大家。企业好，大家才好。如果工作不做好，工厂不发展，怎么会有个人的前途？"、"前途要靠自己创造，厂不好，大家更要努力；做得好，企业才能好。你们年轻，不要老想工厂给你多少，要想你为工厂做了多少，要做一个热爱企业的好工人"。李斌还说，"现在学技术的人较少，就算学，也往往目光短浅，仅为提高工资，这种现象不好，学技术应该和企业的发展乃至整个产业的发展结合起来。"李斌的徒弟多达几十人，其中有领导指定的，也有年轻人自己争着当的，李斌都是来者不拒。他深知，个人的作用在点上，团队的效应才在面上。就是跳槽走的徒弟，李斌也不计较，"把这里的技术和精神带走也是传承。"他是这样认为的。

在初步掌握数控机床操作的基础上，李斌又鼓励去大家进一步参加专业技能培训，充分运用上海电气技能大赛等平台。为了激发员工学习技能的热情，李斌还制定了相应的激励措施，因此，员工的技能等级不断得到提升。随着厂里数控机床的数量增加、机型增多，李斌又寻思开了：能否让小组成员学会操作不同型号的数控机床呢？这不仅可以在生产需要时"顶岗"，而且可以在不同机型操作、不同工件加工中得到借鉴，触类旁通，提高综合能力，提高员工的市场竞争力。在李斌的积极倡导下，从 2007 年开始，企业推行一人多机生产模式，如今，每人能掌握三个大类四种型号的数控机床操作，能够自己调试数控设备，即便是新进车间的员工，也会通过三、五年的学习培训达到这一目标。

什么是一人多机生产模式？以缸体为例，原先加工需要六个人，现在只需要两个人，1～5 道工序由一个人完成，同时操作 4 台机床，即两台车床＋两台立式加工中心。操作者必须要掌握从数控车床到数控加工中心操作和调试技能以及加工的工艺流程；6～7 道精加工工序，有另一人完成，这对操作者的技能要求更高。前面提到的机床、工位器具围着操作者的放置就是按照这一思路设计的，一改之前整齐划一的传统摆放模式。虽然，产生高效率的因素很多，但李斌率先提出由一人掌握多机操作技能到一人同时掌控多机运行的"一人多机"方案落地，才是最主要的因素。

学无止境。2018 年，车间员工接受了更专业、更贴近产品特性的装配知识培训，如今，还有更多培训项目在进行或谋划中，目标就是让所有员工达到"一专多能"要求，以适应企业发展的迫切需要。

午夜"出诊"

2001 年 8 月的一天，上海液压泵厂引进的一台加工中心在运转时出现了 X 轴定位尺寸漂移的现象，这可是数控机床的大忌，轻则损坏刀具，重则造成加工零件报废，甚至会导致机床瘫痪。几位操作工人围着机床仔细察看，试图找出故障的原因以便修复，可找来找去都找不出原因。怎么办？大家不约而同地想到了机床"圣手"李斌。

不一会儿，接到求助信息的李斌身着蓝色工装来了。他围着机床转了几转后，凭着多年的操作经验，很快就作出了初步判断，找出了形成 X 轴定位尺寸漂移的主要原因：由于数控机床的全封闭装置对直线测量监控环境要求很高，而其中的参数补偿，先要依据那根"磁性光栅"来判别，然后再自动做出调整，以确保加工零件的精度。而现在这根"磁性光栅"似乎得了"白内障"，看到的直线位点模糊不清，才造成 X 轴定位尺寸漂移现象。

于是，李斌拆下了"磁性光栅"，清洗后再安装上去，可效果还是不太好，尺寸漂移现象依然存在。

不得已，厂检验部请来了加工中心制造商驻沪办事处负责技术和维修的老外来检测维修。外国专家来到车间后，对机床作了一些调试，弄了半天，提出要更换"磁性光栅"，价格是 10000 美元。由于这台机床要急用，厂里就答应更换。可是，新的磁性光栅刚换上去两天，老的问题再次出现了。厂里与老外联系，得到的回复是再换，价格还是

10000 美元。付了这么一大笔钱，问题没有解决，现在又要花这么多钱，假如仍然不解决问题，还得换。那不是没完没了吗？李斌心里非常着急，一些主要关键零件等着加工，已经影响到生产进度了。"不换了，我自己想办法解决。"李斌打定主意。

回到家里，他找出一些技术资料和书籍，仔细查阅有关设备维修指南，经过分析，一个新的想法在他脑海中闪现："会不会因为环境的不利影响而使光栅发生漂移？"李斌越想越觉得有这种可能。

这时，房间里的时钟指针已指向"12"，已是午夜时分了。可李斌却越来越兴奋，立即骑上助动车赶往厂里。他满脑子想的是：只有抓紧时间把机床修复好了，才能抓回生产进度。借助昏暗的灯光，李斌来到这台已经"生病"的机床旁，重新观察周围的环境，尤其是"磁性光栅"的工作环境。这时，他终于找到了它"生病"的病根：在零件加工的过程中，会有铁末子、灰尘等进入加工中心那块有细小网眼的挡板，从而潜入设备内部，被"磁性光栅"吸附，时间久了，就会影响到"磁性光栅"检测的"视力",从而使它作出错误的判断，使生产的零件产生偏差。因此，李斌断定，光依靠更换"磁性光栅"，是无法从根本上解决问题的。

找到了毛病的症结，李斌马上开出了"处方"：在原有挡板的上面，加装一块铁制的挡板，作为防尘保护装置，以阻挡来自周围的灰层和铁末子的进入，保持住"磁性光栅"的表面不被灰层覆盖。开机一试，果然再也没有出现尺寸漂移的现象。

问题解决了。

这时，天已经亮了，金色的阳光洒在厂区大道上，同事们陆续来到了车间，李斌脸上的笑容告诉了答案：加工中心 X 轴定位尺寸漂移难题已经解决了。这不，那台原来"病"得厉害的数控机床正欢快地运转着，发出轻盈的声音，看到李斌那双布满血丝的眼睛，大家明白，李斌准是一夜没合眼。

工人们把李斌团团围住，迫不及待地想知道李斌是如何破解难题的。李斌用他特有的平缓语气说："数控机床看上去操作很简单、很轻松，只要输入数据，按按电钮可以了，其实，设备越先进，维护就越重要，有很多技术问题要处理，这是对操作工人的一个考验。所以，大家要善于观察，动脑思考，只有这样，才会有更多排除故障的的新点子，才能让先进的机床发挥更高的效率。大家听了都不住地点头，有一个同事脱口而出，说："李斌，你就是机床的守护神啊！"

从那以后，像保护自己的眼睛那样，精心守护好设备，成为小组成员的优良习惯，并一直延续至今。

最吝啬的"千万富翁"

2008 年 2 月的一天，在上海电气液压气动有限公司液压泵厂召开的干部大会上，厂长郑重宣布："李斌任公司总工艺师，将 1000 万元的流动资金使用权交给李斌，由他领衔研发新产品。"

"我一定不辜负领导信任，节约使用每一分钱，为企业的明天挑起重担！"李斌表示。

很快，"李斌拥有 1000 万元创新资金"的新闻出现在上海诸多媒体上。

"千万富翁"李斌带领着他的团队开始了艰苦的创新之旅。

公司总工艺师可不是好当的，要负责公司的技术改造、设备引进、工艺设计、技术创新等繁重的工作任务和各种工程项目。那年，背负着沉重历史包袱的上海液压泵厂，正处于经济发展的瓶颈期，尚未完全走出困境。开拓、创新、转型，发展主打产品，提升产品档次，实施技术改进，已成为这家老国企的当务之急。

需要花钱的地方实在是多的去了。"一定要'省吃俭用'，把宝贵的资金用在最该用的地方。""千万富翁"告诫自己。

数控王李斌深谙使用数控机床的秘诀。加工生产，创新发展，哪儿可以节约，哪儿可以替代，哪儿又可以省钱，他心里亮堂着呢。

李斌首先把眼光投向了刀具。俗话说，好钢要用在刀刃上。数控机床最终要靠刀库里的各式刀具来执行操作程序、完成加工指令。而刀具和附件的价格，往往要占到机床整机价格的 30% 至 50%。刀具不仅重要，而且昂贵，李斌当然要从"刀"上开刀。

那时，李斌所在的数控车间是清一色国外引进的数控机床，最多时拥有 17 台进口数控机床。这些洋宝贝整齐地排列在 600 平方米的车间里，一眼望去，好不气派。可是，这些洋宝贝都有一个特点："吃刀"，就是刀具很容易磨损，需要经常换刀。同时，有的零件加工，刀具往往不好使，满足不了加工要求，需要特殊刀具加工。在这种情况下。李斌心里琢磨开了：自己研制刀具，为企业节约费用。

一天，厂里要加工柱塞筒零件。过去，这种零件都是采用进口成型刀具，一次切削内腔半球面的加工办法，但这种刀具刃磨难度高，使用效果也不尽理想。而且，如果去购买，就得花一大笔钱。经过反复观察研究，李斌决定采用纵横轨迹走向形成圆弧的加工方法。凭着掌握的机械知识和三角函数原理，李斌采用车、磨、铣、钻的加工手法，设计制作了一把圆棱形的镗刀，把它安装在进口机床上进行加工。这把特殊的镗刀在柱塞筒内腔很小的空间里来回切削，顺利完成了规定切削动作，不仅节省了两道工序，提高了两个精度等级和加工效率，还为企业节约了一笔资金。后来，这把刀赢得了"上海市职工十大绝技高招"的美誉。打这以后，自制刀具便成为李斌的"常规动作"。

进口数控机床上配置的是进口刀具，一把进口刀具往往要化费数十美元乃至数百美元。"怎样把进口刀具的费用省下来呢？"李斌把脑筋化在了用国产刀具代替进口刀具上。"一把国产刀具才十几元钱啊，如果选用得当，国产刀具是完全可替代进口刀具的。"李斌心里盘算着。为了选购到合适的刀具，他几乎跑遍了整个上海城。

有一次，为了加工马达的一个部件，太阳刚露脸，李斌就带了量具，骑上自行车就出门了。转悠了一整天，终于买到了合适的刀具材料。回到车间，马上设计制作刀具，然后安装在进口机床上进行加工，经检验，这个部件的加工精度完全符合要求。

还有一次，李斌得到了湖南株洲生产的每片仅售23元的刀片，一使用，不仅切削速度快，质量又好。他如获至宝，当机立断，以此代替进口刀具，一年为企业节约了10多万元。

仅仅几年时间，李斌自行研制刀具180余把，企业每年花费仅10万多元，如按市场价计，这些刀具价值高达830万元。仅此一项，李斌就为企业节约了800余万元。

进口机床需要精心伺候，稍不留意就会"生病"。如果机床发生故障，需要进行修理和调试，李斌第一个想到的就是自己担任"医生"。那一次，企业购进了一台数控机床，在调试过程中发生了多次铣刀断裂现象，厂里决定请供货方专家来调试。按照购买合同，购机总额内包含有3450美元的调试费。可是，前来调试的专家折腾了好半天也没有成功，灰溜溜地走了。李斌决定自己上。调试了两天，终于成功了，铣刀不再断裂，机床通过了验收。为此，企业得到了供货方3450美元的赔偿费。

之后，为进口机床进行修理和调试，李斌已经习以为常了。

节约是传家宝。李斌视厂为家，节约每一种材料。一天上班时，李斌看到车间废料堆里放着一些废弃的铁料和棒料，便上前扒拉起来，看到还可以用的东西就挑出来。一位同事看到李斌在"拣垃圾"，就开玩笑地说："你这个'千万富翁'还拣垃圾过日子啊？""有些料还能用的，尽量做到物尽其用嘛。"李斌笑着回答。

是的，在李斌眼里，厂里哪还有什么废品？

"把1000万资金交到李斌这样优秀的工人手里，我们一百个放心！"上海电气集团的领导深有感触地表示。

大国工匠篇

引　言

　　大国工匠篇以李斌追求极致、精益求精、精雕细琢的工匠精神为主线，讲述了李斌和他的团队如何在各种复杂的条件下，克服种种困难，开展各项攻关活动，并取得巨大成果的过程。从这些故事中，我们可以看到李斌的聪明才智、李斌的超群智慧、李斌的精湛技艺，可以欣赏到李斌独特的创新思路、新颖的创新方法、别样的创新途径，从而一步一步从一个普通劳动者成长为大国工匠。故事告诉我们，李斌的创新动力来源于他对岗位的热爱，对事业的追求，他的创新成果提高了生产效率，降低了产品成本，改善了生产工艺，优化了产品质量，无不体现了他对建设制造强国的执着的信念。其中"追寻'指环王'"的故事生动详实，正是通过攻克这一世界级难题，打破了跨国大公司的技术垄断，在历史上首次实现了我国中高端液压元件的国产化！由此李斌获得了国家科技进步二等奖，站上了大国工匠的金字塔。这些故事体现了李斌锐意进取、与时俱进的时代特征，也展现了李斌始终孜孜不倦、超越自我、知难而进的斗志，将一个产业工人紧跟数控技术发展、牢固掌握现代技术技能的历程展露无遗，使读者近距离地感悟李斌勇于创新、善于创新的时代精神，从而分享他的喜悦和成功。

追寻"指环王"

2013 年 11 月的一天，新落成的上海电气临港基地"李斌展示厅"里出现了这样一幕情景，一群来自基层企业的班组长，被展示柜内陈列的一款产品和一些形状像戒指的小圆环所吸引，大家边听介绍边小声议论着，脸上满是钦佩的神色。

原来，这是荣获国家科技进步二等奖的斜轴式高压轴向柱塞泵／马达国产化关键技术攻关项目的展品，这些展品，正是由李斌和他的团队一起研发的成果。

最吸引眼球的，是灯光下熠熠生辉、形状像戒指的小圆环——柱塞环，形状虽只有戒指那么小，但却是液压泵里的关键零部件。假如把产品分成 13 份，那么 12 份都国产化了，就这个靠国外进口，而且价格昂贵。这个柱塞环是一个薄壁零件，大小、形状像一枚戒指，被业内称为"指环王"，最薄型号的柱塞环的壁厚仅有 0.6mm，极易变形，外圆是一个偏心球面，在制造上对外圆的尺寸精度和偏心量控制需要很精确。另外，制造柱塞环，材质和热处理也是个难题，由于热胀冷缩原理，它在安装、运行时极易变形，或者断裂。一旦变形或断裂，整个液压系统就会停止运行。受此制约，攻关风险很大，成功与否难以预料。

当时，中国的液压技术、性能和可靠性均落后于国外的跨国公司，我国工程机械等主机的发展，完全受制于液压零部件进口，军品配套也大受影响，可以说，它是外国人手里的秘密武器。

　　"我们不能受制于人，让小小的'指环王'卡住脖子！"李斌表示。他一直在思考：如何实现这个技术上的突破？经过反复酝酿，李斌提出了实施"高压轴向柱塞泵／马达国产化关键技术攻关项目"的方案。

　　在公司领导班子召开的专题会议上，大家一致同意了李斌的攻关方案。

　　于是，李斌带领团队投入到艰苦的探索当中。

　　对这次攻关，李斌想出了走产学研结合之路方向、努力寻找社会资源的新思路。他对柱塞环的材料成分、金相结构、机械强度、弹性恢复、表面处理、硬度、热变形、预紧力情况等各个技术要素进行了全面细致的分析研究。接着，他又把柱塞环攻关项目分成若干个课题，与大学、研究单位搞产学研合作，共同攻关。对具有加工经验的轴承制造厂进行调研，虚心请教生产经验和加工设备配置经验。李斌还综合各方面的技术要求，编制柱塞环的加工工艺，配置专用的外球面加工设备和专用的检测装置，为技术攻关奠定了加工基础。

　　为得到一组数据，李斌整天往返于图书馆、工艺所、科研院所和车间。为解决材料的热处理，他在热处理工艺所先后"泡"了一年。

　　一天，李斌与大徒弟王祺伟在工艺所做柱塞环的热处理工艺试验。按照数据分析和理论推算，王祺伟心想这次一定可以成功了，然而，试验结果还是没达到预期的效果。在回厂的路上，王祺伟一声不吭，情绪十分低落。

　　看到徒弟一副垂头丧气的样子，李斌安慰道："别灰心，搞技术创新没那么简单的。"

　　"你知道我们这是第几次做试验？"李斌又问。

　　王祺伟含含糊糊地回答："大概有三十多次了吧。"

　　"我们这已经是第三十七次了。"李斌笑着告诉徒弟。"前面的试验确实都失败了，但每次失败都为我们积累了经验啊。"接着，李斌详细分析了哪次试验存在什么问题，哪次试验有什么进步，哪次试验出现什么突破。

　　王祺伟认真地听着，真没想到，师傅的记忆力那么惊人，对每次试验都记得那么清楚。

　　一回到厂里，师徒俩就对试验数据作了梳理、分析和对比，并提出下一次的试验方案。

　　终于，在做了第四十二次试验后，李斌将"指环王"的热处理工艺问题彻底解决了。

　　此后，李斌又不断调整思路，改进材料、加工方案，反复摸索、验证、总结，经过200多次试验后，终于拿下最难啃的"指环王"。也正是这

个突破，为后续拿下"斜轴式高压轴向柱塞泵／马达国产化关键技术攻关项目"创造了条件，其他所有的难题也被一一攻克。这个项目共突破了 11 项关键技术，获得 19 项发明专利及 21 项实用新型专利，产品的关键技术指标和可靠性均达到世界最高水平，打破了跨国大公司的技术垄断，在历史上首次实现了我国中高端液压元件的国产化！

由于项目攻关的成功，国家许多重大装备、军用装备纷纷采用液压泵厂的产品。国庆阅兵式上隆隆驶过的新一代主战坦克，上面安装的就是李斌团队研制的产品；我国在索马里海域护航的舰队装备上，也有他们生产的液压泵马达。李斌的创新成果，为实现我国国防军事、高端民用等领域的国产化做出了突出贡献。

在大国工匠之路上，李斌树立了一个重要的里程碑。

硕果·殊荣

那是一个春天的早晨，厂长徐铸农办公室的窗前，杨柳绿了，广玉兰吐出淡淡的幽香。在这个充满生机的早晨，他刚打开笔记本，想制定生产规划，就听到轻轻的敲门声。进来的是李斌。他走到厂长面前，平静地说："徐厂长，我想弄柱塞环，想试一试……"好啊！厂长知道，柱塞环形状虽只有戒指那么小，但它是液压泵里的关键零部件。中国的液压技术，性能和可靠性均落后于国外的跨国公司，我国工程机械等主机的发展，完全受制于液压零部件进口，军品配套也大受影响，这现象持续了近二十年，它是外国人手里的"秘密武器"。我们不能受制于人，让小小的"戒指"卡住脖子！

正是拿下了柱塞环——形状像戒指的小圆环，才为攻克后面项目奠定了基础。当然这仅仅时开始，后面的路依旧漫长，挑战接踵而来。

我国液压技术长期处于低水平，上海电气液压气动有限公司液压泵厂某型号液压泵的最高转速在2000转以下，比世界水平6000转低了很多，致使我国高端工程机械配套的高端液压泵大部分依赖进口。

于是李斌再一次全身心投入其中，他和他的团队成员日夜奋战在车间、实验室，奔走于科研院校与工厂之间，穿插于合作单位或加工企业。经过大家艰苦卓越而富有成效的工作，终于拿下了该攻关项目。斜轴式高压轴向马达的壳体加工一直是个难题。壳体的前后形成二个成一定夹角的轴线，且轴线尺寸的控制与测量都非常困难。李斌巧妙地利用

了卧式加工中心旋转工作台的高精度回转定位原理，用一副夹具定位一次加工二个不同轴线的加工要求，有效避免了夹具误差、多次装夹误差、累积加工误差对工件的影响，同时，他又自行设计了外圆定径套刀、内圆定径镗刀、平面槽定径镗刀等专用刀具，大大提高了卧式加工中心加工壳体的效率，测量原理也随着加工原理的改变而变得方便快捷。缸体加工技术攻关项目——缸体的加工难点在于控制柱塞孔的加工精度的同时控制其轴线位置精度、控制球面轴线与芯轴孔的同轴度、控制45氮化硬度。李斌带领团队成员果断地以数控加工保证柱塞孔加工精度和位置精度、以氮化后衍磨保证氮化硬度和表面粗糙度的方法，解决了缸体柱塞孔加工技术点。控制球面轴线与芯轴孔的同轴度，采取的是在加工完缸体柱塞孔后，修复定位基准，确保球面磨削加工时的定位基准准确，同时重新修复球面磨床加工球面时的定位夹具，确保球面轴线与芯轴孔的同轴度。柱塞加工技术攻关项目——锥形柱塞的加工，其重点在于锥面与球面的相切。在李斌的带领下，通过不断试验验证不同的锥面与球

面的相切关系对产品质量的影响程度，结合理论分析结论，得出了最佳
技术路线并应用到产品生产中去。同时，为保证加工质量，李斌提出用
成型磨削替代传统的分步磨削，一次性磨削锥面和球面，在确保加工精
度的同时也确保二者间的相互关系。还有主轴加工技术攻关项目等 11
个核心关键技术难点，在攻关过程中申请了 19 项发明专利及 21 项实用
新型专利。

　　"斜轴式高压轴向柱塞泵／马达国产化关键技术"攻关项目的成功，
使企业产品的关键技术指标和可靠性大幅提高，总体上达到了国内领先、
国际先进水平。正是由于李斌的突出贡献，他荣获了国家科技进步二等
奖，成为我国少数荣获这一殊荣的蓝领工人。

进京赶考

2009 年，李斌带领的团队，经过一年多的艰辛努力，终于圆满完成 "高压轴向柱塞泵／马达国产化关键技术" 的项目，共获得 19 项发明专利及 21 项实用新型专利，突破 11 项关键技术，打破了跨国公司的技术垄断，实现了我国高端液压元件的国产化，为国家节省了大量外汇，大幅度降低了主机配套成本，产生了重大的经济效益和社会效益。

由于这个项目已通过了上海市经委组织的专家鉴定，近 3 年来创造直接经济效益 18415 万元人民币，达到了预期的技术和经济目标，况且，项目在创新上已经达到了国家科技发展的要求，所以企业领导决定：将这个项目申报国家科技进步奖。

经过紧张的工作，申报材料准备就绪。这是一份完备而充分的申报材料，是一份专业而科学的申报材料。这份厚厚的申报材料，对于项目背景、技术要求、项目进度、项目完成过程、产品工作原理、关键技术与解决途径、产品验证分析、产品技术性能水平与国内外同类产品的比较、产品质量分析、国内市场分析、国际市场分析、经济效益分析、社会效益分析等诸多内容，都作了详尽论述与介绍。

没有深厚的专业背景，没有充分的亲身实践，没有深厚的理论功底，显然是不能解读这份申报材料的。

企业领导把 "进京赶考" 的任务交给了李斌。

李斌将要面对的是国内名闻遐迩的机械制造专家、液压泵技术权威和德高望重的前辈。他能胜任吗？

当李斌和他的领导、同事，赴北京参加此项目的申报、评审时，心情格外激动。

答辩的时刻到来了，李斌带着手提电脑，走进科技部组织的答辩会场。

会场宽敞、明亮，气氛肃静、庄严。

评审席上，坐着数十位头发花白的考官。

轮到李斌接受答辩了。

李斌走上台，深深地吸了口气。看到这么多的技术专家坐在前面，未免一阵紧张。有几位专家在交头接耳，似乎在议论什么。后来才得知，原来，有个别专家认为，有的劳模来答辩，只是有劳模的光环，对专业的东西却是一知半解，对这样的劳模，他们在答辩中，往往会提出非常专业的问题，要求答辩者详细回答。

李斌是这样的劳模吗？

由于紧张，他的开场白讲得并不流利，一时，额头上冒出了汗，手也在微微颤抖。但，当讲到技术问题时，李斌马上进入了良好的状态，口若悬河，滔滔不绝。

专家们起先还是将信将疑，接着便开始轮番提问。从零件加工到解决工艺，从材料处理到技术创新，从整体攻关到个案解决，专业的问题一个接着一个。李斌在台上镇定自如，从容不迫，对专家的提问都作了专业的回答。李斌之所以能对答如流，这与他平时刻苦学习和几十年与机床打交道的丰富经验完全是分不开的。

答辩会原定15分钟，由于讨论热烈，一来二去竟延长至半个多小时。答辩结束，会场里爆出一阵阵热烈的掌声。

事后，有位老专家满意地表示：看来李斌掌握的知识，已远远超过我们提问的范围，这后生有真本事！在另一个产品评审答辩场合，当李斌走进会场时，一位评委笑着说："看，李斌又来了，我们还能问什么呢！"

不久，从北京传来了此项目获得中国机械工业科学技术一等奖和国家科学技术进步二等奖的消息，当所有人在为李斌庆贺和骄傲的时候，李斌却平静地地说："我国液压工业基础差，起步晚，是时代逼着我们改革创新，向高端液压件产品进军；这次进京赶考后，我们要再接再厉，用高端、高附加值产品替代进口产品，为企业成为市场的'小巨人'再作贡献！"

戴上市长质量奖桂冠

"李斌荣获 2013 年度上海市市长质量奖了！"

消息很快在上海电气液压气动有限公司传开了，员工们奔走相告，欢欣鼓舞。欣喜之余，更多的是感慨。是啊，长期以来，由于材质和加工精度先天不足，国内液压行业普遍存在漏油通病。因为漏油，油压上不去，转速不达标，这也是制约国内液压产品质量提升的瓶颈。液压泵厂倡导的"一丝不苟，一滴不漏"的企业精神，让广大员工感受到解决漏油问题，对确保对企业产品质量的重要性和必要性。

如今，上海市市长质量奖的获得，标志着企业产品的质量提升到了一个新水平，得到了用户、社会和国家的广泛认可，怎能不让广大员工感到兴奋自豪呢？

李斌承担并主持的"高压轴向柱塞泵／马达国产化关键技术"质量攻关项目，获得 2009 年度中国机械工业科学技术一等奖、2010 年度国家科技进步二等奖和首届中国质量奖提名奖。

高压轴向柱塞泵／马达是液压系统的重要元件，中国基础工艺的低水平导致国内液压技术性能和可靠性远远落后于德国，成为制约我国主机发展的瓶颈。国内中高端的工程机械主机行业的发展，完全依赖于进口的液压零部件，国家军品配套也受到很大制约。为迅速提高中国的液压产品质量，李斌瞄准世界最先进的德国力士乐集团的六系列高压轴向柱塞泵／马达技术，进行消化、吸收和研制。由于柱塞环等关键零部件的材料选型、工艺技术、设备配置、检测方法的落后，国内研发试制的高压轴向柱塞泵／马达样机关键技术性能指标根本无法与德国产品相比，批量产品的主要技术指标多年来停留在压力25MPa、转速1500 r/min的低水平上。

李斌主动提出并主持承担的"高压轴向柱塞泵／马达国产化关键技术"创新攻关项目，目标是最高转速从1500转／分提高到6000转／分，以满足高端主机对产品的性能要求。他带领项目组，通过11项工艺创新，为产品关键技术指标达到国际先进水平奠定了基础。经过艰苦的拼搏和艰难的质量过关，产品的技术指标达到了最高转速6000转／分的国际先进水平，李斌团队先后申请了40项发明和实用新型专利。

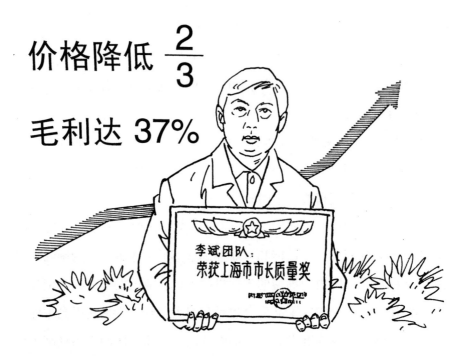

　　项目实施后，同质产品与进口产品相比，价格降低近 2/3，毛利率达 37% 以上，经济效益显著，具有很强的竞争优势。高端主机厂纷纷订购和使用该产品。近年来，产品销售收入直线上升。关键技术的突破，使我国拥有了国际先进的六系列产品制造技术，这对改变我国液压技术落后局面，具有重要而深远的意义。

　　与此同时，李斌和他的团队还通过工艺创新，刀具改进、检测手段提升等一系列行之有效的方法，为提高产品质量作出了极为重要的贡献。

不速之客

1998 年 5 月的一天下午，上海液压泵厂门口来了一位不速之客。

"我找李斌师傅。"来客说。

"你是李斌的什么人"门卫问。

"我是李斌的亲戚，有事情找他。"来客回答。

于是，门卫就打电话给李斌，说是有人来找他。

"请他到车间来吧。"李斌说。

这位客人便来到数控车间，李斌已经在门口等候。

"你就是李斌师傅吧？"

"我就是，请问你找我有什么事？"

"想……想请教李师傅一些问题。"客人吞吞吐吐地说。

一听说是探讨技术上的问题，李斌一下子就来了兴致，不问客人的姓名，不问他的来路，也没有去澄清他是不是亲戚，就爽快地说："好，我们就到机床那边去说吧。"

这位不速之客，就是后来成为李斌大徒弟的王祺伟。

原来，前几天王祺伟从报纸上看到介绍"技术明星"李斌先进事迹的报道，其中有一段让他感到不可思议：李斌加工的产品精度达到了相当于头发丝十分之一的水平。"这是真的吗？我在单位里加工的产品精度，比起李斌来差得太远了。报纸上的宣传是不是有夸大的成分？"带着这个半信半疑的想法，王祺伟特地赶到上海液压泵厂去找李斌，希望能在现场得到证实。

李斌并不知道客人拜访的真实意图。他站在机床边，一面操作，一面讲解，从提高零件加工精度的原理，一直讲到如何改进刀具参数、如何在操作中做出修正等等，李斌把自己掌握的提高加工精度的诀窍，毫无保留地说给客人听，并且亲自操作机床做了示范。

眼前的李斌，如此真诚，毫无保留，更没有城府，对数控机床是这样的熟悉，操作是这样的熟练，难怪能加工出如此精密的零件，王祺伟既感到惭愧，又肃然起敬，他彻底消除了心中的疑虑，感到李斌确实一位具有真才实学的高手。

根据李斌的技术指点，回单位后，王祺伟改进了加工方法，产品的精度果然提高了许多。后来，他又打电话向李斌请教了几个技术问题，李斌总是不厌其烦、耐心解释，使他受益匪浅。技术好、人品更好的李斌在王祺伟心中留下了深刻的印象。"他是一位值得跟随的师傅！"王祺伟怦然心动，萌生了一个大胆的念想。

不久，王祺伟从他供职的那家外资企业辞职，跳槽到了上海液压泵厂，当了李斌的徒弟。对于这次跳槽，家里人全都表示反对，"本来在外资企业当一个工程师，干得好好的，现在到国有企业去当一个工人的徒弟，到底图什么？"家人说。单位的一些同事更是看不懂，嘲讽道："堂堂工程师到国有企业去当一个小八腊子，脑子进水了吧。"

王祺伟主意已定，他全然不顾家人的反对和同事的质疑，追随李斌这颗"星"而去了。

拜了师傅后，李斌就从数控机床操作开始，教新徒弟如何对零件加工编程，如何选择和使用数控刀具，如何设计和调试工装夹具。经过师傅一年多的悉心指导，王祺伟终于能独立调试，完成一些简单的零件加工。在师傅的悉心指导下，他从助理工程师，成为一个能独立完成数控编程、数控刀具及工装夹具设计和使用、加工工艺编制的工艺工程师。

在日常工作中，李斌还常常引导鼓励王祺伟去创新。有一次，在师傅指点下，王祺伟设计制造了一把特殊刀具，增加了数控机床的加工有效长度，解决了车削斜轴泵主轴顶端螺纹的问题，保证了主轴的同心度和产品的装配质量，得到了师傅的称赞。在不断的实践中，王祺伟的创新意识和能力得到了提高。

让王祺伟难以忘怀的是跟随师傅攻克"高压轴向柱塞泵／马达国

产化关键技术"项目的那些日日夜夜。2010 年，"高压轴向柱塞泵／马达国产化关键技术"项目攻关成功后，李斌登上了国家科技进步奖的领奖台，王祺伟也被上海电气评为"李斌式职工标兵"，后来又被评为上海市劳动模范。

钻进铁扇公主肚子里去

初秋，天高气爽的一天，迎着晨曦漫步在厂区林荫道上，李斌感到心旷神怡。然而，一走进车间办公室，沉闷的空气扑面而来，似乎让人窒息，关于"斜轴泵主轴八孔球窝"加工精度难题的讨论再次陷入了僵局，这可是液压泵关键技术整体攻关项目中的重要一环啊，尽管大家绞尽脑汁，还是想不出任何好的办法，之前的多种方案被否决，接二连三的试验也失败了。

这时，李斌大胆地提出：采用"孙悟空钻进铁扇公主肚子里的"加工办法，即通过设计，制造一副埋入式偏心夹具和一把特殊刀具，编制一套新的零件加工程序，解决"斜轴泵主轴八孔球窝"加工的精度问题。

斜轴泵主轴是产品的"心脏"部件，主轴顶端平面有八个球窝，恰如"心脏瓣膜"。在一个扁扁的圆盘表面上，要使八个球窝的大小、深浅、同心度的相对位置误差不超过一根头发丝的三分之一，其难度可想而知。李斌采用"孙行者钻进铁扇公主肚子里"的办法，设计了一副埋入式偏心夹具，自制了一把特殊刀具，编制了一套新的零件加工程序，八孔球窝盘状零件终于加工成功。此外，他又在八孔球窝偏心模加工夹具上增加一副复合模具，从而解决了八孔压板的加工难题。

如此奇妙的灵感又从何而来？大家百思不解。

原来，在参加上海市劳动培训中心教学活动中，李斌发现日本池贝数控设备上有数控变径刀具，职业的敏感使他意识到改变球窝加工方法的机会来了。"日本池贝专利数控变径刀具应该能够满足主轴八个球窝在数控立式加工中心上同时完成加工的要求，并能有效控制各项加工精度。"李斌信心满满地对大家说。

方向有了，实施起来麻烦和困难接踵而来。"办法总比困难多。"李斌对大伙表示。他不怕麻烦、不惧困难、知难而上。在上海电气集团支持（日本池贝是上海电气收购的外资企业——上海池贝）和上海市劳动培训中心的协助下，李斌在日本池贝机床上进行主轴八球窝的加工试验，经过反复修改数控程序编制试验和不同刀具试验，终于加工出了达到图纸精度要求的主轴八球窝，上海池贝由此研发出新的设备应用领域，并首次试制了二台交付李斌所在厂使用，至此，主轴加工技术攻关项目终于顺利完成，李斌"钻进铁扇公主肚子里"加工的故事也在厂里迅速传开了。

向"洋机"连开三刀

　　1989 年那会儿，上海液压泵厂决定用外汇从国外引进数控机床。企业的考虑是：光靠一般机床、靠人工操作加工零件，已经完全不能适应当下新的加工方法，尤其是质量难以保证。1986 年和 1989 年，厂里已经派遣两批技术工人赴德国海卓玛蒂克公司瑞士分公司，作为劳务输出人员进行工作，并学习数控机床操作技术，现在，引进数控机床的条件成熟了。那么，引进哪一个国家的产品呢？厂领导达成共识，要引进世界上最先进的数控机床。他们的眼光转向了德国。德国在当时拥有世界上最先进的制造技术。很快，厂方与德方经过一番洽谈签订了购货合同，那年四月，一台德国产的 2CNC 数控机床顺利运抵工厂，卸在李斌所在车间靠墙的一角。

　　正好是上班时间，闻讯的工人们纷纷围过来看热闹。"这台机床长啥样啊？""有多大啊？""什么颜色啊？"大家心里都在猜测。

　　几个工人拆掉了包装箱板，撕去了包裹着的油纸，顿时，一台崭新铮亮的苹果绿的数控机床呈现在大家眼前。

　　"哟，颜色真漂亮啊。"

　　"还有电脑操作，这下干活用不着这么累了。""这台机床可以加工很多种零件呢！""是啊，是啊。"工人们七嘴八舌议论开了，心情都很激动。

　　一位师傅开始调试机床。看着电脑上不断跳跃的字母和不断变化的数字，机床里那个回转工作台架，在电脑控制下几乎是悄无声息地进退自如，灵活而又轻巧。那些常年累月弯着腰操作手柄的师傅们个个露出了羡慕的眼神，大家摩拳擦掌，似乎都要上去试试身手。工人们沉浸在无比的喜悦之中。

　　这时，李斌也和往常一样，换上了那件蓝色的工作服，看到车间新到的机床，便不由自主地走过去。"到底是什么样的家伙吸引着大伙儿的眼球？"李斌心想。

　　李斌看到了洋机，也很兴奋。对于这台是德国产的 2CNC 数控机床，他并不陌生，在瑞士工作、学习期间曾经见到过类似的数控加工机床。李斌有一个习惯，对新来的设备总要仔细打量、反复观察。一行表示机床性能的标记跃入了眼帘：2CNC。CNC 是英文 Computerrized Numerical Control，即计算机数字控制的缩写，这是一种装有程序控制系统的自动化机床，是机械制造设备中集机械、电气、液压、气动、微电子、高自动化和信息等多项技术为一体的机电一体化产品，是机械加工设备中具有高精度、高效率、高自动化和高柔性化特点的工作母机。李斌知道，这种先进的工作母机在国内属于稀有品种。

　　面对眼前的稀有品种，李斌想到的是，出于对高新技术保密和对出口机床的保护性措施，一些国家对进入我国的数控机床按照合同设置一二种加工程序，是常有的事，也可以认为是国际先进技术交易中的"潜规则"。这样的进口机床，加工范围往往比较单一，而且还有很大的局限性，不能充分发挥作为先进数控机床的功能。像这种 2CNC 数控机床，是专门加工柱塞的。柱塞是在压缩机马达中用来输送流体的圆筒装置，它用棒料加工，而棒料两端直径尺寸往往相差几根头发丝。

　　在操作这台先进的机床时，李斌又想到："用这台数控机床加工柱塞，必须先将柱塞在普通车床或磨床上先行车削或磨削，然后再上数控机床继续加工。这样一来，既费工时，又费精力，生产效率也没有多大的提升。"

"厂里加工的零件品种多，得想办法把液压泵关键零件的加工都交给这台机床，让这台'洋机'发挥出最大的功能。"此时，一个念头在李斌脑海中闪过："我来试试，对这台'洋机'开刀。"

李斌的想法得到了领导的肯定和工友们的支持。于是，他一头钻进了数控机床里，埋头搞起了改进。

从油泵的性能、气缸的构造，尤其是夹具的形状等几个方面入手，李斌对它们一一进行了细致的分析，酝酿着对"洋机"动手术的方案。他自行设计制作了一副特殊的夹具：软爪的，开合范围比原先的大，可伸可缩。一天下午，在生产的间隙，李斌他拆下了机床上的弹簧夹头，很自信地装上了这副软爪夹具，然后打开气阀管路供气，再调整好气缸和泵阀的进出口位置，经过几次调整，"洋机"的"喉咙"居然变粗了，粗粗细细的各种棒料都能由这副夹具进行加工。成功啦！以后工人们再也不用把工件搬上搬下了，既减轻劳动强度，又能明显提高工作效率。大家在操作中也更有信心了。

这是对"洋机"开的第一刀。

初战告捷，李斌信心倍增。但，他还不满足，还要对这台机床开第二刀。这次开刀的"部位"是"程序"和"套筒"。李斌的目标是要让机床不仅能加工各种粗细棒料，还要能加工其他零件，从而最大限度地扩大加工范围。为了开好第二刀，他下班后就去图书馆查阅大量的国内外有关资料。回到家，就在台灯下设计，一张又一张草图在他手上画出，台子上放不下，干脆就摆到地上。经过几个昼夜的奋战，终于重新编制了一套新的程序，研制出一种新的套筒，对机床进行了"手术式"替换，使这台数控机床的加工范围扩大到 12 个品种 24 种零件，极大地增强了机床的性能。事后，李斌风趣地对工友们说："如果让外商知道加工范围扩大了，他们肯定会加价出售的。"

乘胜追击，李斌又对洋机开了第三刀，这一刀的部位是环槽割刀。原先机床的环槽割刀，每做 60 只零件就得换刀，李斌认为工效太低，还费钱。于是，他就制作了新的割刀，经过三次试验，一次加工就达到了 700 只，工效提高了 10 倍。

这三刀，刀刀有效。这台"手术"后的德国进口数控机床，加工功能发挥到了极致。

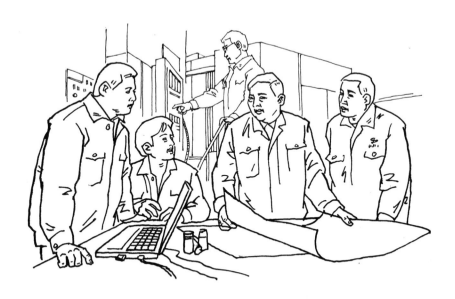

勇闯"冷宫"

液压泵上有一个装置叫球窝，加工复杂，精度要求极高。如何提高这一零件的加工质量长期以来成为企业的瓶颈，始终影响着企业的发展。为了迅速改变这一状况，企业决定拨出 70 万元去大连机床厂购买一台球窝加工专用机床，以提高产品质量和加工能力。双方虽然签订了定购意向书，只是由于对方的交货周期很长，因此，正式购货合同一时没有签订。

上海液压泵厂有一间仓库，里面堆放了一些废旧物资和一时不用的物品，每天工人们上班谁也不会进去看一看。2001 年仲夏的一天，技术副厂长路过仓库时，突然停下脚步，略有所思。噢，记起来了，这仓库里放置着一台二手货，是上世纪 80 年代从德国引进的的球窝机，使用不久就发生故障，虽然组织了几次修理和调试，但都没能修复，于是便给它判了"死刑"、打入"冷宫"。光阴荏苒，一晃，这台球窝机在"冷宫"里呆了整整 15 年。

"是不想再想办法修修，死马当活马医吧！"副厂长想到这里，便把李斌找来，直奔主题，和他说了要修复沉睡在"冷宫"里的二手球窝机的设想。语音刚落，李斌就直接说出了想法："这几天，我也一直在思考球窝机的问题，既然有旧的，不管它已经躺了多少年，我都想试一试，你就把修复的任务交给我吧。"

两人一拍即合，副厂长当即表示：全力支持修复任务，并在人力

物力上加以保证。很快，厂里组成了专修小组，由李斌挂帅，并配备了
足够的技术人员和相应设备。

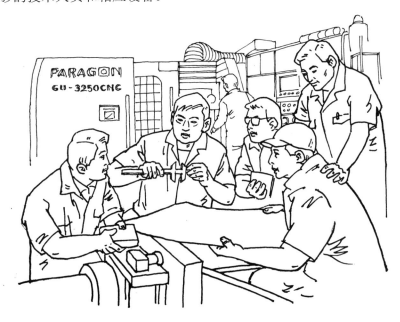

　　李斌率领大家闯入了"冷宫"。只见球窝机静静地躺在仓库的一
个角落里，满身灰尘，锈迹斑斑。他们用拖车把它运到了车间。看着
这台老掉牙的机床，大家似乎都有点泄气：这么破旧的机床还能起死
回生吗？李斌组织大伙先把机床檫拭干净，上了润滑油，然后就开始
查找故障的原因。夜幕降临，李斌安排大伙回家，自己留在现场，继
续工作。不尽快找到原因，李斌是不会罢休的，这就是李斌的性格。
经过几天的奋战，机床故障原因终于找到了。但要完全修复，谈何容易。
李斌和专修小组成员不知开了多少次"诸葛亮会"，才拟定了修复方案：
先作外表修理，更换部分零件；接着检查修复电气线路，再进行刀具
设计和工艺选择；最后根据企业加工球窝的质量要求和标准，设计程
序。李斌亲自设计图纸画样品，加工零件磨刀具，忙得不亦乐乎。其

间,他还奔走于图书馆和工艺所之间,查阅资料,反复研究,细致琢磨。当最后一个程序被输入电脑、开动机器加工一个球窝时,大家几乎都屏住了呼吸。只见夹具带着球窝进入加工程序,终于,机床停止运转。经测量,球窝质量完全达标。顿时,大家情不自禁地欢呼起来,打入"冷宫"15 年的德国产球窝机死而复活啦!

正当大家沉浸在这种喜悦之中的时候,李斌却在机床旁睡着了。

是的,他太累了!

这台球窝机的修复,不仅为企业节省了原来购买机床的 70 万元,还积累了企业维修机床的宝贵经验。这台球窝机的投入使用后,每根主轴球窝的加工时间由原来的 45 分钟缩短到 15 分钟,提高工效 3 倍,仅此一项,一年就可为企业降低成本约 15 万元。

首席技师工作室 001 号

"你们劳模工作室与企业技术研发部门是怎样的关系？"

"二者如何平行运作？"

"双重身份的技术人员工作时间是如何分配的？"

......

会议室里，上海电气液压气动有限公司工会主席崔华建介绍李斌工作室运行情况的话音刚落，同行们就抛出一连串问题，这是来公司了解、学习、交流李斌工作室运作情况时经常会出现的场景。

为什么同行对李斌工作室的运作如此感兴趣，讨论如此热烈？事情还得从李斌数控技术工作室的建立说起。

2007 年，为充分发挥劳模引领作用，打造技能人才培育平台，为技术工人的成长创造更好的条件，上海电气、上海市机电工会建立了以李斌名字命名的"李斌数控技术工作室"，由李斌领衔开展技术攻关，解决技术创新中碰到的各种难题。2009 年 2 月，上海电气液压气动有限公司成立了"李斌技术中心"，这是当时全国唯一一个以著名劳模名字命名的技术中心。"李斌技术中心"在技术创新、机制创新、产品研发、人才培养等方面发挥了重要作用。与此同时，公司还成立了"李斌技术中心——试制车间"，这是"李斌技术中心"的重要支撑平台，是李斌进行技术创新和培养能工巧匠的实验工场。

公司确保"李斌数控技术工作室"和"李斌技术中心"的资金投入。

"一个人的力量和智慧是有限的，只有发挥更多人的积极性，我们的企业才能走出低谷，才能兴旺。"李斌的话虽然很朴实，却透视着他对团队精神、对创新观念的深刻领悟。创新，需要更大的舞台，需要凝聚更大的力量和更多的智慧。"李斌数控技术工作室"和"李斌技术中心"的建立，提供了良好的平台和契机。

李斌创新团队形成后，开发了技术含量更高的A6V、A7V、A8V、A11V全系列的变量泵、变量马达和与之相配套的液压系统集成，以及风力发电机配套产品等，共55项；组织攻关30余项，其中对柱塞环质量攻关的成功，使产品从强度、精度、耐磨性和装配复原性等技术指标上，完全达到了德国进口部件的技术性能，并形成了批量生产能力，由此打破了国外公司的技术垄断，实现了企业二十多年来的梦想与追求。

在创新生产组织方式上，李斌创新团队突破了工艺技术难关，既提高了生产效率和产品质量，又降低了生产成本。在一项价值5640万的企业设备投资过程中，李斌创新团队反复论证，严格把关，先行为设备考虑加工刀具的配置和加工模具的改进，不仅为设备快速到位、快速投入生产做出了巨大贡献，而且为企业节约了一笔资金。

"李斌数控技术工作室"先后申报了百余项技术专利，培养了大批技术骨干,2011年初,被上海市总工会授予上海市"首席技师工作室"001号，之后相继被认定为国家级和上海市级"技能大师工作室"；经过专家认定，"李斌技术中心"成为市级技术中心，获得了国家和上海市政府的资金资助。

这几年，随着企业产品、生产技术的引进和提高，对从事于这一工作领域的生产工人，提出了更高的技术、素质要求。为了使厂里的工人能尽快适应岗位的需要，尽量发挥自己的专长，推动产品加工数控化，李斌提出的"一种性能的数控机床需多人会操作，一人需学会多种性能的数控机床操作"的大胆设想已变为现实，并产生巨大的效益。在他的带领下，身边的员工积极投入学习数控编程操作，创新团队的力量越来越强大。随着全总建立劳模工作室工作的不断深入和光大，必将呈现越来越多的职工创新群体，并在国家振兴、企业发展的进程中迸发出更加绚丽的光华。

"斯坦纳" 获得 "重生"

30 台，60 天。意味着平均 2 天要调试好一台进口数控机床，任务之重，时间之紧，要求之高，前所未有！

这是一场硬仗。

原来，彼时改革开放的脚步已经走到了 1996 年。上海液压气动行业正经历着一场前所未有的大变革、大调整。为适应市场经济的发展和引进先进技术，上海在浦东新区的金桥出口加工区新建了中外合资的液压生产基地。这年年中，液压生产基地到了大会战的关键时刻。李斌团队的任务是：在两个月内调试好 30 台国外进口的数控机床！

面对这个前所未有的硬任务，李斌和他的团队心里都非常清楚：在浦东金桥投资 1.9 亿元人民币、建设液压气动这个具有战略意义的国家重点项目，是引进世界先进技术和管理经验的重要举措。能否通过国家有关部门的验收，关键在此一举。

盛夏来临，酷暑难挡。李斌带领同事们日夜奋战在基地里。几天下来，个个都油污满面，斑斑点点的盐花布满了每件工作服。可是，大家全然不顾这些，依然在机床旁忙碌。

7 月 3 日，东方刚露出鱼肚白，李斌就来到车间，准备调试两台斯坦纳加工中心。经检查，他发现这两台机床的冷却液已经变质、发粘，无法使用。而如果不换掉冷却液，这台机床就不能加工。因此，必须马上换液。

机床冷却液的主要功能是降低工件加工温度、清理加工切屑、防止零件腐蚀霉变等，冷却液由复杂的化学配方组合而成，通常含有亚硝酸盐、硝酸盐、杀虫剂等液体，对皮肤有一定的腐蚀作用。而李斌偏偏对这些液体过敏，皮肤上只要沾上一点点就会出现红肿现象，并伴着瘙痒症状，得难受好几天。而且，换液是重活，特别累。但是，为了赶进度，和时间赛跑，斯坦纳加工中心要换液，李斌早已把自己会过敏的事忘在脑后了。他拿来了手摇泵，将泵嘴伸到机床冷却箱里，把变质的冷却液一点点抽出来，再用手拿着布伸到箱体里去，把四壁擦拭干净，最后再注入新的冷却液。根据初略计算，换一台机床冷却液，要抽出、注入冷却液20桶，每桶重量是170公斤，每调换一台加工中心的冷却液，就要搬动近3吨半液体，两台就是6吨多液体。在这期间。李斌不曾离开过一步，始终工作在第一线，他总是抢先一步去搬运液体罐，又总是抢着去抽液，这些工作都消耗着李斌的体能。最难受的是，在擦拭冷却液箱体内时，手不可能不接触到液体。因此，李斌的手背、手臂上都是冷却液体过敏而引发的红肿块。为了不让大家看到红肿块，他整天把手臂裹得严严实实。两天下来，李斌累得浑身像散了架似的，还要默默忍受过敏所引起的奇痒无比的痛苦。

在换最后几桶冷却液时，李斌的过敏皮肤终于被同事发现了。大家都劝他去医院就诊。"我爱人就是医生，回家就去看医生。"李斌的这番话把大家逗乐了，大伙更加心疼自己的带头人。

经过两天的奋战，7月5日，两台斯坦纳加工中心的换液作业全部完成，这两台进口数控机床终于如期双双投入生产。

数控车间的同事们见证了李斌为了"斯坦纳"的"重生"而付出的一切。

心脏搭桥

这是一个李斌为产品"心脏"进行"搭桥"手术的故事。

李斌是当之无愧的数控机床操作大师，善于以各种方案和途径解决一个又一个数控机床的难题。然而，这一次却有一个难题把他难住了。这个难题是在加工液压泵马达中的斜轴泵主轴时遇到的。斜轴泵主轴被称为液压泵的"心脏"，部件主轴顶端平面有八个正圆的球窝，每个球窝之间的距离相等。加工的设备是从瑞士引进的，加工技术、程序也是引进瑞士公司的全套编制，加工中心这台设备更是处于完好状态。操作工多次严格按照引进的图纸、工艺和程序进行加工，但机床千倍投影显示，最后的成品八个球窝不是正圆，而是椭圆！这一天，李斌亲自操作，结果成品还是椭圆！"这怎么可能？"

大家你一言、我一句，试图找出个中原因，并采取方法让产品达到正圆的要求。和大家一样，李斌心里也很焦急。"设备是进口的，程序是正确的，工艺是符合要求的，操作过程也是很正常的。那么，为什么还会出现这种情况？"李斌陷入了沉思，一些疑问在他脑海里萦绕："难道瑞士公司的程序设计有缺陷？还是我们的工艺路线有问题？可人家是液压泵厂商的王牌公司，享有很高的声誉。问题到底出在什么地方？"

下班了，李斌回到家里，寝食不安，在一些技术书堆里翻来翻去，有时抬眼看着窗外，若有所思，试图找到答案。就这样，深夜的黑暗一直笼罩着他。这一夜，李斌是在辗转反侧中度过的。

第二天，太阳刚露脸，李斌就来到车间，开动机床，查看电脑数据，并翻阅德文版技术资料。他推断，出现这个问题，很有可能是进口设备所设定的纵横相匹配的补偿参数存在误差，尽管这些误差很小，但这些小小的误差累计起来，就会使八个球窝的圆度达不到技术标准。为了找到依据，他坐在电脑前，采用 CAD 技术，把切削刀具在运动中的轨迹放大 200 倍仔细观察，并作了记录，边测试，边与瑞士公司设计的球窝成形进行叠合比较。几遍测试下来，终于发现有一段弧不重叠，尽管两者存在一些微小的差异。李斌判断，正是这一看似不明显的差异，给斜轴泵主轴这个心脏部位带来了偏差，从而达不到技术标准。

问题的症结找到了，现在就是要寻找解决的方法了。李斌根据自己的经验，尝试采用"圆弧插补法"来解决问题。他在车间的办公室里，画了厚厚一叠草图，又进行了复杂的计算，编制了新的加工程序，可还是没能解决问题。

"要不打电话给瑞士公司，让他们派人来解决吧。"一位同事提议。"现在原因找到了，问题就解决了一半，还有一半，也靠我们自己解决，如果请对方公司派人来，也会耽误生产时间的。"李斌回答。大家便打消了请对方专家的念头，相信李斌会有办法的。

"既然'圆弧插补法'不行，那就采用别的办法，在自己所学的数控理论和机械原理中寻觅。"李斌对自己说。一天，李斌忽然想起，在二工大学习时，有个理论叫"圆心偏离理论"，可纠正加工中出现的弧度问题。他把想法告诉了同事们，但是有个同事说："这个理论目前还没有在加工实践中得到应用啊。"李斌本想放弃，转念，"试一试"的想法又占了上风："没有在加工实践中得到应用，不等于不能应用，也许还没有碰到类似的问题。路，本来没有，走一走不就有路了吗？"他决定试一试。

　　李斌第一次把"圆心偏离理论"运用到球窝加工中，他运用已经学过的知识和经验，调整了加工程序，在刀具切削中，将轨迹作了调整，以便使刀具沿着调整的圆弧运行。

　　当新的程序编入电脑、机床进入加工阶段时，大家不由自主地来到机床边，等待着心脏"搭桥"手术成功时刻。球窝终于加工完毕，经检测，主轴球窝与柱塞球完全吻合，八球窝的圆度可控精度达到 3 至 5um（一根头发丝为 70-80um 之间），加工精度提高 6 倍以上，一次合格率也有了很大提高。

　　李斌这次为斜轴泵心脏加工"搭桥"的实践，受到同行的高度赞赏。后来，这项研究成果在液压气动行业的加工中被广泛采用。

神奇复活的"死机"

如果一台数控机床的内部数据突然丢失，会产生什么后果是：整个机床数控系统全部瘫痪，机床不能运行，进入"死机"状态，与这台机床链接的整个生产流水线就会全部停产。

那年3月份，上海液压泵厂的一台大型数控机床突然不明就里地进入"死机"状态，加工中心里的计算机中央解调器突发状况，整个数控系统内部的数据不知去向，致使加工中心彻底瘫痪，与这台数控机床链接的生产线全部停止运行，原先隆隆作响的热闹繁忙的生产车间，骤然安静下来。

工人们都感到：这种安静有点异常。

果然，不一会儿，车间主任过来告诉大伙，数控机床数据发生故障，需要修理。

外国厂商驻沪维修人员接到报修电话后，当即委派两名专家级维护人员前来紧急维修。专家来了后，先在电脑里消除了乱码，再使用他们的自携式手提电脑，把它连接到数控机床的数据终端，将机床固化设定的参数和运行程序输入系统，以激发其运行功能。这种修复手段，在一般情况下是有效果的，然而，这台机床依然处于"休克"状态，无法复活。生产线依旧不能运行。两位专家用此办法重新进行调试，机床却依然如故。看来，外国专家可能无计可施了。

李斌也心急如焚。

李斌心中明白，这种高端数控加工中心的数据系统相当复杂，由多重复合型小系统组合而成，而且，系统与系统之间都互相关联，专业化水平非常高，没有相当专业的数控知识和经验是不可能解决故障的。

在这个关键时刻，李斌自告奋勇地提出："让我来试一试。"在两位外国专家的协助下，凭借着自己扎实的理论功底和多年的实践经验，李斌从计算机内部开始查找死机原因。这台数控机床的数据系统非常繁复，排列位置错综复杂，参数众多，有一个参数竟然包含着9000多个指令！

面对极其复杂的修复任务，李斌表现出了极高的专业水平。他将所有的系统参数一一进行对照甄别，该保留的就输入保存，需修改的就修改后输入，然后按照设定的顺序进行梳理，一段段演示，一步步分解，一个个解决。修复工作持续了整整两天，外方专家目睹了李斌整个维修过程，感觉他的维修思路和方法显然是对的，打心眼里佩服。第三天，所有系统已经修复完毕，需要整体输入全部程序。

成败在此一举。

李斌站在数控机床的电脑显示屏前，气定神闲，一手拿着机床手册和修复记录，一手在触摸屏上熟练地摁动按键，电脑上不时跳动着不同的颜色，两位外国专家也在焦急地等着机床的"复活"。一小时后，李斌按下了最后的一个按钮，此时，整个系统的菜单依次显现，表示机床系统已处于正常状态，可以启动。当电源开关一合上，整个加工中心生产线全线复活。

李斌成功了！

两位外国专家完全被李斌的高超技术折服了。一个普通的中国工人，对数控机床的辨识、理解、修复、编程竟然是如此的熟练，实在令他们无法想象。是啊，堂堂外国专家手握修复之门的钥匙却无法开启，而这位中国工人虽无专家之衔，却在他们的眼皮底下，闯进高深莫测、变化多端、极难驾驭的数控领域，使死机神奇复活。

"死机"复活后，整个生产线传出了美妙动听的机器声。在外国专家盛赞李斌的同时，同事们也来祝贺李斌的成功。看到生产线恢复了生产，李斌心底像灌满了蜜一样甜。

直到这时候，李斌才想起，今天连一口水都没有喝过。他接过同事递过来的一杯水，一饮而尽。

从农民工到能工巧匠

2019年2月4日，正是农历己亥年除夕。雪后的安徽大别山区，白茫茫一片。一个年轻人正在赶着山路，中午时分，他回到了家里。他的家在安徽六安舒城县张母桥陡河村。

他名叫陈勇，是上海液压泵厂的工人，从上海赶到老家过年。一进门，陈勇便迫不及待地把李斌得病住院的不幸消息告诉了父亲。父亲知道后，心里十分难过，叮嘱陈勇说："过完节，你马上赶回上海，到医院去照顾好师傅。"随后，他又语重心长地关照儿子："你可千万不能忘记师傅的大恩，我们家有今天，你成了新上海人，又在上海成了家，这一切，都离不开李斌师傅的帮助啊！"

陈勇不住地点头，泪花在眼眶里打转。

陈勇家有弟兄三个，他排行老大，由于几代人都是农民，没有什么文化，所以父母对三个儿子期望很高，希望他们都能好好读书，考上大学，改变贫穷的命运。然而，令父亲失望的是，陈勇高考还是落榜了。

时间回到27年前。

1992年，上海液压泵厂派人到陈勇所在学校招工，他很幸运被招进工厂，来到上海开始了学徒打工的生涯。

陈勇进厂后，在金加工车间学车床，他刻苦学习车床的操作技能，技术上进步很快。平时，陈勇时常听到别人提到李斌这个名字，才知道李斌是个大名鼎鼎的数控技术专家。每次看到李斌时禁不住心生敬佩之情，心里总是想，"如果哪天能做李斌的徒弟该多好啊。"而李斌对这个来自安徽大别山的农民工也有所耳闻，知道他是一个进取心很强的青年。

2004年，陈勇如愿以偿，被厂里安排到著名的李斌班组，成为李斌的徒弟。

这是改变陈勇命运的转折点。

进入李斌班组，当陈勇看到数控机床五颜六色的操作面板，看到程序控制的自动化换刀加工出锃亮锃亮的零件时，心里既感到好奇，又非常羡慕。"我一定努力学习，要和师傅们一样，成为一个知识型、技能型的操作能手。"陈勇暗自下了决心。

每天上班，陈勇就跟着师傅学。

陈勇对数控机床知识一窍不通，李斌耐心地从头教起。加工零件时，李斌先让他熟悉加工程序，不厌其烦地画出一张又一张草图，耐心讲解，直到徒弟弄懂为止。

年复一年，在师傅带领下，陈勇进步很快，在工作中肯动脑筋，能吃苦耐劳，李斌看在眼里，喜在心里。李斌不仅操心徒弟的技艺，更关心他的思想。一天，李斌对陈勇说："作为一个工人，不仅要学习好，工作好，还要在思想上追求进步。"李斌热情鼓励他向党组织靠拢。陈勇不住地点头。

2006年的一天，李斌把着一份机电工会关于举行技术比赛的通知交给徒弟陈勇，鼓励他去参加，希望他在比赛中得到锻炼和提高。在师傅的鼓励下，陈勇参加了上海电气"李斌杯"数控中级技能比赛，获得了第一名。2007年，他又获得"李斌杯"数控高级技能比赛第三名，晋升为技师，并先后被评为上海电气"李斌式职工"、"青年技术岗位能手"和上海市"新长征突击手"。

　　翅膀长硬的陈勇开始"单飞"了。他已完全能单独操作关键大型设备，加工关键零件。连技术要求相当高的军工产品零件加工，他都能独立编程、操作，顺利完成。

　　技术在上升，思想在进步。2007 年 12 月，陈勇加入了中国共产党，2012 年被上海市国资委评为优秀共产党员。

　　每当有新的加工任务交给陈勇时，李斌就会鼓励他："在工作之余应该多学些数控知识，如果有机会，可以去学校'充电'。"李斌还和徒弟讲述自己学习的经历，给了陈勇很大的启发。

　　在李斌的鼓励下，2009 年，陈勇考入了上海电视大学工商企业管理专业，2012 年又继续攻读工商管理本科，获得了学士学位。在校期间，他先后荣获上海电大"综合特等奖学金"和"优秀学员标兵"、"优秀毕业生"称号，几乎复制了李斌的成长历程。

　　陈勇刚"单飞"那会儿，有一次上中班，已是深夜 10 点多，由于零件的尺寸偏差，陈勇不慎把厂里唯一能加工这种零件的进口机床刀具

撞坏了，这会直接影响厂里的生产的呀。当时，陈勇吓得不知所措，只好硬着头皮打电话给李斌。"明天师傅上班肯定会狠狠批评我的。"陈勇心想。深夜十一点时，李斌穿着工作服跑了过来。陈勇没想到师傅会连夜赶来，他准备挨师傅一顿批评，可是，李斌不仅没有批评他，反而不停地安慰他。李斌熟练地拆下刀具，看了几眼，笑着对陈勇说，"不要紧的，就是齿轮打掉了几个齿而已，仓库里面有配件。"听师傅这么一说，陈勇悬着的一颗心终于放下了。他赶紧把配件拿来，帮师傅安装上去，再启动机床。在机床嗡嗡的轰鸣声中，零件加工进入正常程序。李斌和陈勇脸上都露出了灿烂的笑容。

李斌对来自大山深处徒弟的关心是多方面的。2010年4月的一天，李斌得知一个情况：陈勇被评为上海市劳动模范，按政策可以落户上海，但是，1时至今日，落户问题尚未解决。李斌找到陈勇，安慰他说："你不要急，我去问问看。"

"师傅平时那么忙，哪有时间为我户口的事去忙。"陈勇心想。没想到的是，过了没几天，李斌对他说："我去问过了，你符合上海的落户政策，户口问题很快就能解决。"原来，李斌一直把这件事挂在心上，一连跑了几个相关部门，得到了准确的答复。不久，陈勇不仅办好了上海户口，还在上海买了经济适用房，成为新上海人。他的儿子也在当年顺利考进了上海市的重点高中，后来又考进了大学。

这一幕幕情景，深深地铭刻在李斌的心里。

刚过完年，陈勇便回到上海赶往医院看望恩人李斌师傅，看到师傅病得那么严重，他心中充满着忧愁和悲伤。"我一定要继承师傅的精神，像师傅那样，为企业的创新发展，为实现制造强国的伟大梦想，奋斗一辈子！"陈勇坚定地表示。

闪亮的“名片”

一天，厂里当班门卫碰上了一件蹊跷事：有个东北客户来厂里买液压泵，登记要找的对象是李斌，问他是否认识李斌，他说不认识，门卫反复解释李斌不卖泵，让他去销售科，但这个东北客户却执意要找李斌。门卫不敢得罪客户，只能打电话告诉李斌：“客户来买泵，指定要找你。”

李斌来到厂门口，见到客户，不认识呀，感到十分疑惑。出于礼节，李斌热情地把客户请到了接待室。客户刚坐下，李斌还在倒茶，他便迫不及待地道出了自己千里迢迢从东北来上海来找李斌的缘由……

原来，这个东北客户有个在上海附近的一家机械厂工作的同学，这个同学曾通过一个记者的介绍找到李斌，向李斌咨询厂里一台机床漏油的事，李斌为他作了分析。之后，两人还通过几次电话，可问题没有解决。后来，李斌利用休息天乘火车赶到那家机械厂，修好了那台漏油机床。这个同学给李斌一笔酬谢费，李斌坚决不收。这个同学十分感动。当他知道东北的老同学所在单位要买泵，就千叮万嘱让他到上海找李斌。一番陈述后，李斌这才恍然大悟。李斌马上带客户到车间参观设备，向他介绍厂里的产品、质量和售后服务情况，还耐心回答了他提出的各种问题，客户感到非常满意。但在签合同时，客户坚持要把“李斌为技术把关”作为特别条款写入合同。“写上这条，我就在合同上签字，签了字就付预付款。”东北客户表示。销售人员只得依从。这件事在厂里传开后，员工们议论纷纷，大家喜忧参半，喜的是李斌名气越来越响，许多客户都是冲着李斌名声而来的，这给企业带来了更多机会；忧的是，连销售合同上也要注上"李斌领衔制造、""李斌技术把关，"这么做，李斌实在太辛苦了，纵然有三头六臂也忙不过来呀！

1993年起，李斌连续五次被评为上海市劳模，从2000年起，他连续四次被评为全国劳模，又先后荣获全国十大杰出工人、中国青年五四奖章、中华技能大奖、全国知识型职工标兵、全国十大高技能人才楷模，全国机械工业劳动模范、职工楷模、创新标兵、首席金牌工人，上海工匠等殊荣。2009年，李斌被中华全国总工会评为"时代领跑者——新中国成立以来最具影响力的劳动模范"，同年被中宣部等六家单位评为全国道德模范，人力资源和社会保障部授予他国家技能人才培育突出贡献奖。2011年，李斌被评为全国优秀共产党员、上海市优秀共产党员。

经专家评审，李斌在 2009 年获机械工业科学技术一等奖、2010 年获国家科技进步二等奖，2013 年获上海市市长质量奖。李斌先后受到党和国家领导人江泽民、胡锦涛、习近平的亲切接见。

走进上海液压泵厂，随处可见学习李斌的标语和专栏，厂内李斌班组、李斌工作室、李斌荣誉室、李斌技术中心等都在提醒人们，李斌工作、成长于此，企业以拥有李斌而骄傲，李斌成了上海电气液压气动有限公司和液压泵厂一张烫金的"名片"。

这名片，还正与企业的命运有着很大的关系呢。

在国有企业改制转型期间，上海有十几家和液压泵厂类似的小厂都关停并转产了,液压泵厂何去何从？一时众说纷纭，人心惶惶。那一天，时任全国总工会主席的王兆国来厂考察，听了李斌介绍，他高度赞扬了李斌精神，号召全国工人向李斌学习。王兆国离厂后，液压气动公司总经理就问陪同王主席来厂考察的上海电气总公司领导："我们这个液压泵厂是关是留？今后怎么办？"总公司领导说："你们厂和别的厂不一样，你们厂有个李斌，当然要继续办好！"

在上海电气，还有以李斌命名的"上海电气李斌技师学院"、"'李斌杯'职工技能大赛"、"李斌论坛"、"李斌式职工"和"李斌式班组"等等。李斌不仅成为上海电气和液压泵厂的"名片"，更是上海乃至中国工人阶级的闪亮"名片"。

非常 36 小时

1995 年秋天的一个下午，李斌正在车间里忙着调试一台数控机床。突然，厂生产科的一位同志心急火燎地赶到车间，找到李斌，急急忙忙地说开了："有一批准备去韩国展示的斜轴泵，两个月前就该加工了，不知道是哪道环节出了差错，耽误了生产时间，而且，眼下工艺路线尚未编制，连刀具都还没有准备呢！"

听生产科同志这么一说，李斌顿时也急了起来：再有两天，外经贸公司就要来取货了。这批货有信用证，如果到期拿不出来，不但要赔款，而且还会影响我们国家的国际声誉。

李斌二话没说，立即接过图纸，准备马上编程。他找来了自己带教的两名大学生助手，三个人聚在一起看图纸。不看不知道，一看大吃一惊。原来，这批泵的柱塞球面与厂里平时生产的球面不同，这是一种有螺旋槽的球面，液压泵厂过去从来没有生产过，即使放在通用机床上加工，也完全没有质量保证。

李斌清楚地知道，两个不同型号的零件，如果一个按 24 小时编程来计算，仅编程就要花费 48 小时。这样的话，肯定来不及。惟一的办法就是交叉进行，也就是说，当一个零件结束编程投入生产之前，另一个编程就得开始，而且最迟必须在 36 小时之内完成。只是，时间实在太紧了。

为了维护液压泵公司在国际上的声誉，李斌果断决定，与时间赛跑，力争在 36 小时之内完成加工任务。于是，他立即召开了数控机床操作人员会议，具体布置了操作方案。

说干就干。当晚，李斌就在车间办公室里开始了战斗。他在灯下翻阅了大量英文和德文版的数控技术资料，研究加工的程序和方法，直到凌晨两点才在沙发上和衣睡去。

第二天一大早，李斌又急忙落实校车准备工作。完成校车后，他和同事们便分成早、中、夜三班，24 小时轮流换班上岗操作。

那晚，李斌从早班、中班一直干到晚班，在车间里整整干了 24 个小时。第二天，他依然守着机床不愿离去。李斌的徒弟心疼师傅，上去对他说："师傅，你已干了一天一夜，身体会吃不消的，赶紧回去睡一会儿吧！"

　　李斌咧嘴一笑。他实在是太累了,何尝不想回去倒头便睡呢?但是,他担心自己一旦离开,万一数控机床出了什么闪失,一时又修不好时,岂不要误了交货期?即便机床不出差错,如果刀具突然坏了一把,修理需要时间,也会耽误准时交货。

　　想来想去,李斌实在放心不下。"与其回去牵肠挂肚,不如留下来继续工作,等把零件完全加工完毕交货后,再回去踏踏实实地睡个觉。"李斌在心里对自己说。

　　就这样,李斌又继续干了 12 个小时。终于在 36 个小时之后,李斌和大伙一起如期完成了加工任务,质量也完全符合要求,李斌心里的一块石头落了地。

　　直到这时,他才发现两只脚已经肿得厉害,感觉连步子也迈不开了。厂长见状,赶紧让驾驶员用小车送李斌回去休息。"谢谢,不用!"李斌说完,便艰难地挪移着红肿的脚,一小步、一小步地走出车间,跨上自己的助动车,回家了。

　　回到家里,他一头倒在床上,呼呼睡着了。

慧眼识专利

专利，对一个普通工人来说，似乎遥不可及。可是，李斌把这种看似不可能实现的目标变为现实。李斌以自己的创新实践身体力行，带动大家把创新成果向专利转化。

斜轴式液压柱塞泵或马达是液压泵厂的常规产品，在 2009 至 2011 年的几年中，有的职工在处理三包服务的时候发现"铲缸"现象占的比重明显上升。"铲缸"就是柱塞与缸体孔产生干涉，有干摩擦的现象。

李斌就组织大家攻关。在研究中，大家发现了一个共性问题：在我国 2008 年四万亿投资带来的基建市场爆炸式膨胀的情况下，为了抢夺市场，迎合需求，我国工程机械的主机单位都变相或者有意地提高了液压系统的压力和转速，默许了降低安全系数。通俗地说，就是相同的机型比以前更有力了，使得超载、超速的工作环境成为常态。高压力、高转速带来的结果就是液压马达的旋转部分转动惯量增大，柱塞的运动轨迹超出了缸体缸孔的外圆，挤破了油膜，发生干摩擦现象。而这种现象的产生，会对液压马达产生致命的故障。

在做了大量的试验后，攻关团队进行了三项革新：一是收紧部件公差，让整个主泵链上各部分零件的中心尽量处在一个轴线上，降低转动惯量的波动范围；二是将柱塞圆锥形段的侧面倾斜度作调整；三是将柱塞环加厚，增加反向密封带，使容积效率回到原来的水平。

这样就使得柱塞在伸缩滑动过程中，始终能够与缸体的柱塞孔相切，使得伸缩滑动的阻力减小，从而降低了噪声，总效率达 90%，寿命在 6000 小时以上。这款新产品在市场上非常热销。

这项改进已经符合申报专利的基本条件，李斌就引导大家从理论和实践的结合上开展总结，形成申报专利的规范材料。果然，《一种斜轴式液压柱塞泵或马达》获得了专利。这个项目的专利号是 ZL201220601570。

由此，企业职工的专利意识不断增强。

2015 年，为了拓宽市场，技术中心原件部的职工打算进入水平定向钻的勘探市场。他们前期对这种机型的特点进行了详细地了解：水平定向钻的压力在 20 兆帕左右，转速在 2000 转左右。但在钻探过程中，碰到花岗岩和鹅卵石的话，会瞬间转速降低到 10 转左右，且在野外的工作环境只能靠风冷和自冷却，而且，虽然压力和转速都不高，但是要求连续运转时间较长，必须将自身温度控制在 65 摄氏度以下。

他们受李斌创新意识的启发，决定设计出一种自带冲洗冷却的液压马达。结果取得了成功。对于这个成功，李斌也不失时机的向大家提出，这个项目也可以申请专利。结果，"一种自带冲洗冷却的液压马达"的专利证书就挂上了车间的墙上。

作为机械方面的能手，李斌对于机械制造和机械装置十分敏感。

庄秋峰是上海汽轮机有限公司的技术工人，他从 2004 年开始学习数控技术。后来，工厂安排庄秋峰加入上海电机学院李斌数控技能工作室，李斌就手把手教他做项目。李斌在技术上一点也不保留，都是倾囊相授。无论是技术上，还是敬业奉献的精神，都让庄秋峰非常敬佩，心里也默默地把他当作自己成长的标杆。在庄秋峰眼里，李斌是改变他人生的老师。

评选高级技师时，庄秋峰的正式论文写了厚厚一叠，另外又在一张活页纸上写了半页多的一个项目介绍，很不起眼。

在电气集团评聘高级技师的现场，庄秋峰作了答辩。

答辩快结束时，担任高级技师评委的李斌拿起庄秋峰那张活页纸说："这个项目中很多技术细节有价值，你想过专利申请了吗？"

庄秋峰心里不禁愣了一下：这个项目可以申请专利吗？我怎么没有想到？

正是这看似不起眼的半页内容，经李斌的一句提醒，让他第一次对专利有了概念。回厂后，庄秋峰按照李斌的提示，进行认真准备，结果顺利通过了专利申报。

这件事让庄秋峰再一次对李斌肃然起敬。他佩服地说："李斌的眼光确实不一般！"

家国情怀篇

引　言

　　家国情怀篇以李斌淡泊名利、公而忘私的奉献精神为主线，讲述了他在社会主义市场经济条件下，不计名利得失，不计荣辱进退，不图利益回报的高尚行为和思想境界，诠释了他的甘愿付出的得失观、不计报酬的价值观，表现了李斌正确的利益取向和高尚的人生境界。他始终把国家利益和集体利益放在首位，言行一致，一诺千金。他对祖国爱得深厚，对企业爱得执着，对家庭爱得深沉，通过一件件小事，生动地揭示了李斌的内心世界和博大胸怀。本篇故事的最大看点是，不仅有李斌一心为国家为企业无私奉献的故事，这些故事读者可能已经耳熟能详，而且还首次向读者讲述了李斌鲜为人知的家庭和他的业余爱好的故事。他的爱家情怀、真挚情谊、健康情趣，通过一个个故事娓娓道来，使人们看到了一个真实的李斌。其中，在"艺术的情趣"这一故事中，用素描的叙事手法讲述了李斌酷爱音乐、爱好摄影、擅长养花、喜好钓鱼的故事，读来令人赞叹不已。这些故事告诉人们，拥有全国著名劳模、全国道德模范、全国人大代表、全国党代会代表、新时代的领跑者等七十多项荣誉称号的李斌是一个血肉丰满、情趣高尚、有情有义的人，使读者对李斌有了更深刻更全面的了解。

在党旗下宣誓

1991年12月15日下午，上海液压泵厂会议室里正举行入党宣誓仪式。在鲜红的党旗下，李斌举起右手庄严宣誓："我自愿加入中国共产党，拥护党的纲领，遵守党的章程，履行党员义务，执行党的决定，严守党的纪律，保守党的秘密，对党忠诚，积极工作，为共产主义奋斗终身，随时准备为党和人民牺牲一切，永不叛党。"

入冬了，天气寒意甚浓，李斌心里却热乎乎的，像有一团火在燃烧。为了这神圣而庄严的一刻，李斌历经奋斗，百折不挠，勇于接受考验，甘愿尽情付出，多年的夙愿终于实现了！

此刻，李斌思绪万千，蓦然想起自己孜孜不倦、追求党组织的难忘历程。

他清楚地记得，1980年进厂时，目睹机械加工落后、产品质量差，劳动强度高，工作效率低的现实，他从心底里激发起要改变传统制造业面貌的愿望。然而，自己的文化水平低，能力又有限，要实现这个改变，谈何容易？这时，党组织号召大家积极学习知识，提高文化程度，投入到企业发展的工作当中。李斌深深感到：只有依靠党才能改变面貌，他下定决心跟党走。

1983年，22岁的李斌如愿考进中央电视大学。这个年龄，在电大新生中是最小的，然而，李斌的抱负却是最大的。他如饥似渴地学习，并渴望加入党组织。1985年5月30日，在临近毕业的时候，李斌向党组织递交了第一份入党申请书。

"我决心不辜负党对青年一代的希望，要以更高的标准要求自己，在任何时候、场合下都不谋私利，全心全意为人民服务，个人利益服从党和人民的利益。"李斌在入党申请书上写道。

他说到做到。写了入党申请书后，李斌对学习的目的更清楚，学习的劲头更足。由于李斌的表现十分出色，他被评为电大优秀学员，以优异成绩毕业。

1986年3月，受企业委派，李斌和一批同事前往德国海卓玛蒂克公司瑞士冯劳尔分公司学习培训数控技术。

这是李斌第一次出国。在冯劳尔分公司，他第一次见到了如此先进的数控加工设备：机床庞大、清洁，有显示屏，操作由电脑控制，自行更换各种刀具。工人的劳动强度很低，加工的零件精度非常高，工作时车间里很安静。哇，这样的设备、加工环境和工作效率，让李斌大开眼界。"我们的加工完全靠手工，手段竟然如此原始，我们和先进发达国家制造业的差距真是太大了。"李斌心想，两相对比，对李斌的震撼是巨大的。在异国他乡，李斌就暗自下定决心，一定要向先进学习，争当一名大国工匠，为国家的强盛作出贡献。他有一个坚定的信念：只有伟大的党才能带领我们走强国之路。由此，李斌加入党组织的愿望愈加迫切。

知耻而后勇。李斌开始如饥似渴地学习，不断积累着驾驭数控机床的知识和能力。"我们一定要缩小和发达国家的差距"，李不断地告诫自己。

那天，李斌与同事们利用休息天去日内瓦游览。晚上，他们回到自己居住的公寓。漫步在草坪，李斌抬头仰望苍穹，一轮如同银钩映入眼帘，此时，耳边仿佛传来"月是故乡明"的旋律，这是远在异国他乡的游子最爱听的曲子啊。静谧的夜晚，他不禁想起了自己的祖国，想起了自己肩负的使命，一股报效祖国的强烈愿望油然而生。怀着无比激动的心情，他迅速回到房间，拧亮桌上的台灯，从抽屉里拿出纸和笔，略一思索便伏案疾书。

这是李斌写的是第二份"入党申请书"。"这次到瑞士技术培训，是党组织对我的培养，也是一次学习国外先进技术的机会，尽管我们厂目前加工设备比较落后，但总有一天要用上数控机床。我一定认真学习，刻苦钻研。"他在入党申请书上发自肺腑地写道。

回国后，李斌用实际行动，践行着自己在入党申请书上的诺言，迎来了在鲜红的党旗下庄严宣誓的幸福时刻。

劳模伙伴

李斌有许多劳模伙伴。

上海汽轮机有限公司青年技师俞军是赫赫有名的"全国技术能手"、"全国五一劳动奖章"获得者、"上海十大工人标兵"。2000年，在沈阳举办的"首届国际技能大赛"上，作为上海地区唯一一名选手，俞军在强手如林的赛场上单骑闯关，获得钳工项目国际技能组季军。

"你最崇拜的人是谁？"一次，记者采访俞军时问道。

"是李斌！"俞军不加思索地回答。

"这些年来，是李斌的'人生价值要靠自己去拼搏、去实现'的精神在感召着我，是李斌爱岗敬业、刻苦钻研、勇于创新、无私奉献的先进事迹鞭策着我，使我逐步成长为青年技师、生产能手，并先后获得了诸多荣誉。"俞军表示。的确，是李斌爱岗敬业、刻苦钻研、开拓创新的精神给了俞军前进的目标和动力，使他从一个默默无闻的技校生成长为"李斌式"的技术明星。

同为"上海电气"人，俞军有更多的机会与李斌在一起交流学习。一次，俞军动情地对李斌说："其实，我是站在你的肩膀上开始攀登的。"望着李斌疑惑的眼神，他又解释说："2000年上海电气集团开始评选'李斌式'职工，我荣获了这个称号，打那以后，我不断用李斌精神激励自己，一步一步走进了全国劳模的荣誉殿堂。

"要真是这样，我倒希望自己的肩膀再坚实些，能成为更多人攀登

的阶梯。"李斌笑着说。

　　要说劳模伙伴，就不能不提著名劳模包起帆与李斌"哥俩"的缘分，他俩是二工大校友。 2012年3月，包起帆、李斌分别担任首席教授的专家工作室同时在上海市第二工业大学正式挂牌成立，开了全国劳模担任高校首席教授的先河。抓斗大王包起帆专注于物联网技术的物流管理，数控王李斌聚焦产品关键零部件技术瓶颈突破、产品能级的提升，共同的志向使他俩在参加会议或出席活动碰在一起时有着聊不完的话题，十分投缘他们在各自的岗位上建树颇丰。有一次，包起帆得知李斌所在的上海液压泵厂面临困境时，非常关切，主动提出二家企业协作建议，并进行了可行性分析。

　　李斌与全国"五一劳动奖章"获得者、上海航天局800所特级技师唐建平也有许多交集。李斌所在班组曾与唐建平所在班组签订"互帮互学、共创职业精神"结对协议书，他俩都是数控机床应用方面的行家里手，在各自的工作岗位上取得了骄人的成绩，成为技术工人发展的方向和旗帜。

"华联王震"是全国商业系统最早创建服务品牌的全国劳模，1997年，国内首个以营业员名字注册的服务商标出现在人们视野中，从最初的"买相机找王震"到后来的"买数码产品找'华联王震'"，名震四方。李斌爱好摄影，见到王震就会聊相机，虚心讨教，"华联王震"成了他选购相机的"高级顾问"，李斌还常热心介绍同事找王震买相机。

李斌与好八连公举东十分投缘，虽然职业不同，但两人有许多共同的语言。"李斌在许多活动中一直十分照顾老劳模，"小扁担精神缔造者、名闻遐迩的全国劳模杨怀远对李斌赞不绝口。是的，李斌非常敬重前辈，每次出席人代会、党代会，别人忙着发名片、结识领导、名流。他总是默默无闻地搀扶着那些老劳模走进会场。领导接见时他不抢先，拍照时不"抢镜"，总是落在后面，以至于有一次差点被误会的警卫赶出去。

李斌言辞不多，平时发言讲话轻声细语，尤其成名之后，他依然保持着低调做人、高调做事的风格，事事处处彰显出他谦逊淳厚的劳模本色。

公开的秘籍

那是一个中午休息的时间，一场别开生面的培训课在车间里举行。机床旁边竖着一块黑板，学员是数控机床操作工人，老师是李斌，教材是李斌自编的。学员中有的坐在凳子上，有的靠在机床旁，还有一个学员拿着碗在吃饭，因为刚才赶一个急件，所以刚吃上饭。李斌在黑板旁讲解着、比划着，不时在黑板上画一些简易的机械图。这是车间现场无数次培训中的一次。

为了提高组员的数控技术操作水平，李斌小组成立了数控机床知识培训班。李斌老师平时话不太多，可讲起有关数控机床的知识来却是口若悬河、滔滔不绝。他的教学方式也很特别，教学的内容以自编教材为主，适当选用专业书籍。碰到一些操作问题，他会带大家到机床边，边讲解边示范，手把手地教大家，小组成员会根据李斌的指导，把自己编写的程序输入电脑，看着数控机床自动地加工出各式各样锃亮的零件来。这种培训既直观，也更贴近实际。从理论到实践，李斌的目的，就是要让大家把每一台数控机床的脾性、特点和操作要领都琢磨透、掌握好。

这一天，又有一批新产品需要加工。为尽快熟悉这批零件的加工要求和方法，大家又利用机床停息的间隙，拿起自编教材，对照新产品进行学习、讨论，大家你一言我一句，非常热烈，李斌把加工的一些要领传授给大家。调试工在输入程序时，操作工也在一边试编程序，并对照着学习诀窍。不一会儿，大家对这批零件的加工要领了解得八九不离十了。这时，正不巧，机床突然产生了故障，维修工立即过来排除。这时，大家又凑上前去，察看维修工如何排除故障。维修工也不保守，给大家讲解故障原因和排除的方法。少顷，故障排除，大家也学到了排除故障的知识。整个班训班始终充满着浓厚的学习氛围。

李斌是数控机床操作能手，几年来已经积累了许多"实战"经验和操作技巧，这些都是李斌自己多年心血的结晶，是降服数控机床的"独家秘籍"。对这些"独家秘籍"是保密还是公开，李斌从来没有权衡过，他把自己近年来积累的技术毫无保留地传授给了小组的成员。

为使数控机床操作规范化，根据自己多年积累的经验和掌握的技术，李斌利用业余时间精心编写了20多种规格零件的加工程序卡，还将有关资料、数据全部卡片化，卡片上记录了各类零件加工的编程数据和工序要求和需要注意的加工方法。任何一个稍有加工经验的操作工，只要一拿到卡片，细细解读，就能得心应手地上任何机床操作，独立加工零件。这样，即使李斌不在岗位，小组成员也能按照这些资料卡片加工出合格的产品。有人私下悄悄地对李斌说："你怎么那么傻，干吗把那么多的资料和方法和盘托出？没听说过'教会徒弟饿死师傅'的老话吗？"李斌听了坦然一笑，说："传授技术本身是一种观念上的创新，只有让更多的人掌握高新技术，形成一支有技术的工人队伍，才能促进企业的发展，实现经济增长方式的转变。"

数控工段的一旁，是小组的办公室。说是办公室，其实就是一个休息室，当中是一个写字台，台子上放置着一台电脑。这台电脑，是机电工会为推动李斌小组开展数控培训而专门为他们购置的，电脑开机密码是公开的，小组里的每个成员都可以使用。办公室抽屉里，是一厚叠一厚叠的技术资料和卡片，这里面既有李斌自己多年积累下来的调试技术、革新成果，也有小组成员共同攻关的过程和总结。这些都是公开的秘密，大家可以随时探密。如今，小组内早已养成一个良好的习惯：谁有一点创新、一点改进，都随时记录下来，供他人参考。在这儿，"留一手"的传统观念完全被改变了。

在李斌的言传身教下，班组的成员迅速地成长起来，一批李斌式的数控机床操作工陆续诞生。

李斌的手术非常成功。术后几天，李斌高烧不退，身体异常虚弱，但他的心绪已经飞到了机床旁边。有时他边打吊针，边往车间打电话，告诉操作工应该如何正确操作，把自己知道的一切毫无保留地传授给操作人员。目睹此情此景，在旁的医护人员无不为之动容。

哭成泪人的小孩

1994 年 7 月的一天傍晚，正是放学的时候。位于天山西路的一家幼儿园，一群天真活泼的孩子从幼儿园里走出来，有的扑进了妈妈的怀抱，有的被奶奶一把抱住，还有的看见了爷爷，叫着喊着奔过来。幼儿园门口充满着欢声笑语。一个个小朋友被家长领走，门口只剩下一个孤单的小男孩。小男孩似乎并不着急，悠悠地等待着。

小男孩叫李盛捷，李斌五岁的儿子。

这一年，李斌的爱人郭丽华被上海医科大学临床医学专业录取，刚满五岁的儿子，在上一家幼儿园。每当放学的时候，通常由李斌去幼儿园接儿子回家。幼儿园老师说："凡是碰到李盛捷的爸爸来接孩子，那就苦了小捷捷。"可不，今天又碰上了。见小盛捷的爸爸还没有来，幼儿园老师便把他领进教室继续等。

李斌去哪儿啦？

李斌在厂里加班。他经常要加班，尤其是遇到编制数控程序时，编程序是一项非常复杂的工作，往往不可能在下班之前正巧编完。李斌工作起来又特别投入，说他是痴迷一点儿也不过份。一旦进入编制程序，他就会像着了魔似的，把周围的事全都忘记了，等他把程序编完，已超过下班时间好几个小时，他这才会想起孩子还在幼儿园等他去接呢。

眼下，已经过了下班时间，和往常一样，李斌还在机床旁忙碌着。这时外面突然下起了雨，而且雨越下雨大，李斌突然想起，今天是郭丽华读书的日子，应该由我去接孩子啊。可是，零件还没有加工完，一时半会也离不开。此时，俞云飞厂长正好走过来查看车间情况，发现李斌好像有心事，就关切地询问，李斌只好照实说了。厂长说："你干你的活，我派人去接孩子。"当厂长安排的小车开到幼儿园时，天色已经很晚了，老师看见了来接捷捷的李斌的同事，就埋怨说："你们到现在才来接孩子，他已经哭了将近两个小时，早成泪人了！"厂里同事俯下身对小捷捷说："别哭了，明天让爸爸早点来接你，好吗？"没想到小捷捷听了，哭得更厉害，边哭边说："那是不可能的，爸爸老在厂里忙，根本不会按时来接我的。"

小捷捷说的倒是大实话，李斌实在是太忙，根本不能按时去接孩子。

一天晚上，李斌正在加班调试，突然接到妻子打来的电话，说："孩子发高烧了，你快回来吧！"李斌骑车赶回家里，帮着妻子一起照顾生

病的孩子。等孩子睡着了，他用内疚的口吻对妻子说："厂里的事还没完，我得回厂里加个班。"没想到，到了午夜还在加班。凌晨两点，妻子又打来电话，声音也有些颤抖："孩子现在已出现抽筋现象，需要马上送医院。"李斌这下着急了，放下电话，心急火燎地赶回家。夫妇俩忙着叫了车，把孩子送到医院看急诊。医生检查后，确诊是肺炎。摸着孩子滚烫发热的小脸，李斌心里十分难受，热泪涌出了眼眶。

是呀，看着生病的孩子，他很内疚，平时对孩子关心得确实不够。可是，厂里那么多的事，需要他去操心啊。"等孩子病好了，一定带着他去好好玩一玩。"李斌心里对自己说。这一年国庆节，在参加了市里召开的庆祝会议后，李斌终于带着孩子来到了上海自然博物馆。

这一天，小捷捷从来没有玩得这么嗨。

汉旺镇的 12 名数控专家

2008 年 5 月 12 日，四川汶川发生了震惊世界的大地震。

汶川大地震发生后，李斌在第一时间向灾区捐赠了 1 万元。此后，他又毫不犹豫地报名参加全国总工会第一批劳模技术服务队。李斌常说："一个合格的新时代工人，不仅要为企业发展献计出力，而且要有强烈的社会责任感，在国家和人民需要的时候，冲在前面。"面对灾情，李斌再一次冲在了前面！

接过由时任全国人大常委会副委员长、中华全国总工会主席王兆国的授旗——"劳模技术服务队李斌分队"，奔赴余震不断的灾区。

李斌一行从北京出发，坐了 36 个小时的火车，于 6 月 25 日到达东汽所在的四川省汉旺镇。虽然早已有思想准备，但还是被眼前的灾情惊呆了：昔日美丽的汉旺已面目全非，整个小镇山体滑坡、房屋垮塌，惨不忍睹。

短短 80 秒钟的大地震，使一个经过整整 42 年建设、凝聚了几代东汽人心血的花园式工厂，瞬间变得满目疮痍。东汽是我国著名的内迁三线企业，地处龙门山脉地震带上，距地震中心汶川仅一山之隔，直线距离只有 29 公里。地震使大部分厂房、办公楼、职工住宅楼和学校教学楼垮塌，占整个东汽 60％产能的汉旺基地遭受重创，300 多名职工和家属遇难，1300 多人受伤，经济损失高达近 50 个亿，是受灾最惨重的央属企业。

东方汽轮机有限公司是国内电站行业的龙头企业，拥有许多先进的、大型的数控加工中心及数控机床，虽然，灾区的生活条件异常艰苦，许多东汽职工的房屋在地震中毁了，只能住在帐篷里，但是东汽的领导还是尽最大的努力为服务小分队提供居住的房子和各种生活用品。

小分队的12名成员，都是来自于全国各地的数控专家，由李斌担任小分队的队长，主要任务是对东汽下属在地震中发生故障的数控机床进行维修，恢复东汽数控机床的性能。在余震不断的日子里，服务队成员全然不顾个人安危，运用各自的技术专长日夜奋战，帮助震后的东方汽轮机厂尽快恢复生产，为东汽重建竭尽全力。

李斌对东汽的领导说："你们不要把我们当外人，就当我们是东汽的员工，每天给我们分配任务，该干什么就干什么。"小分队每天一早开会，李斌一一布置每个人的工作，分别为不同的设备进行维修和维护。在现场，每当遇到了难题时，他们就和东汽的职工一起讨论，发挥各自优势，及时破解难题排除故障。

　　虽然，前往灾区的救援时间只有短短的一个多星期，但作为到达东汽的首支技术救援队，为以后的技术救援服务提供了宝贵的经验。在东汽的受损设备中，有很多是国产的机床，李斌建议：是哪家的设备，就让哪家厂提供维修服务和备品备件，这样"对位"，解决故障的效率就会大大的提高。

　　从东汽一回到上海，李斌马上来到了厂里投入紧张的工作，而后又应邀去一些单位介绍劳模技术服务队赴灾区援助的情况。"在援助东汽的灾后重建的日子里，东汽职工不屈不挠、永不言败的精神却深深地感染了我们每一个小分队的成员。我们相信，有这样的一支队伍，东汽一定会在不久的将来走出困境，重新建设成一个更加美好的东汽！"在报告会结束之际，李斌动情地表示。

捐　款

　　2004年3月的一天，李斌走进厂门口时，见宣传栏前面有许多职工在围看、议论。凑前一看，"募捐"两个醒目的大字跃入眼帘，细看内容之后，心中泛起涟漪。

　　原来，厂里有一位女职工，前一时期到医院去看病，被医生诊断为癌症，需要立即住院进行手术治疗。而这位女工的爱人是一个"协保"下岗工人，本来家里经济条件就比较困难，如今为了治病，要支付高达10余万元的治疗费，真是"屋漏偏逢连夜雨"，顿时，全家陷入了深深的困境，犹如掉进了万丈深渊。厂工会获悉后进行了商议，随即作了具

体布置，其中一项就是在全厂范围内开展"一人有难，八方支援"的募捐活动。

"我要帮助这位女职工尽快渡过难关，战胜疾病。"李斌边想边离开了宣传栏。一回到车间，他便不声不响地主动捐出了200元。在李斌的带头下，班组的其他职工也纷纷解囊捐款，不到十分钟，捐款金额已达1000余元。

关爱他人，奉献爱心，让人间充满友情，让生活充满阳光，这是李斌奉献观的生动诠释。在长桥居住的岁月里，每逢街道、里委组织捐助活动时，李斌总是积极参与，捐出一、二百元。历年来、在全市举办的"蓝天下的至爱"大型义演活动中，李斌踊跃参与，慷慨解囊。企业组织的每一次捐献活动，他更是一马当先。汶川大地震后，李斌带头向灾区捐赠了1万元，还加入全总组织的第一批劳模技术服务队到灾区开展援助工作，在东方汽轮机厂，他冒着不断余震的危险，与服务队成员一起，运用掌握的技术专长排除设备故障、调试维修机床，为东汽尽快恢复生产、为灾区的重建贡献了一份力量。

在同事眼中，李斌是个有情有义的热心肠。师傅已退休多年，每逢春节，他都会拎着水果、食品登门拜年。李斌对徒弟也关爱备至，一次，李斌在外开会，一个徒弟工作时不慎铁屑子飞进眼里，李斌知道后，开完会直奔医院探视，还主动帮他联系转院，让徒弟得到更好的治疗。一个名叫陈勇的徒弟来自安徽大别山，孩子在上海没户口，不能读初中。李斌知道后，便不辞辛劳，四处奔走，解决了小孩的户口问题，让他读上了初中。

李斌深信："只要人人都献出一点爱，世界将变成美好的人间！"

手术之后

1997年8月份，液压泵厂的搬迁工作基本结束。

新厂区座落在虹梅南路，整齐笔直的厂区大道一直延伸到工厂尽头，两旁绿树成荫，鲜花盛开，成片的草地绿茵茵的，一片生机盎然的景象。

站在新厂区大道上，李斌一边欣赏美景，一边憧憬着企业的未来。这时，他不经意地摸了摸头，一小绺黑头发滑落下来，李斌突然想起，几乎每天清晨起来，总会发现枕头上留下的头发。由于李斌的心思全部在工作上，所以根本不在乎自己身体的微小变化，而懂医的妻子郭丽华心里明白：头发脱落是肾虚的症状。

8月下旬，市总工会为市劳模组织了一次健康体检。体检后，李斌是唯一一个被要求留下来再次体检的人。可李斌根本没当回事，体检完后径直回厂里、进车间干活了，他早把体检的事忘在了脑后。在他的心里，总是牵挂着机床。

这天，李斌照样在车间里操作数控机床，一会儿编程序，一会儿换刀具，忙得不亦乐乎。突然，医务室打来电话，要李斌去拿体检报告。他这才想起上周参加市总组织体检的事。去医务室路上，他一边用回丝擦手，一边回头看看正在运行的数控机床，心想：一会儿回来再给机床输入新的程序吧。

进了医务室，医生很委婉地告诉他："你的病有点麻烦，需要住院开刀的。"李斌一听，可着急了，大声地说："这怎么行？工厂刚刚搬过来，生产才刚刚开始，我怎么就要住院呢？"见医生不吱声，便用恳求的口吻说，"你给我开点药吧，我保证按时服药。"

"看来，不向他讲明病的实情，是不能说服他的。"医生心想，于是，他就对李斌直言道："你患的是早期直肠癌，必须立即手术，否则很麻烦！"

正在此时，李斌的爱人郭丽华匆匆赶来了。医生急忙告诉她，李斌查出的肿瘤是恶性的，必须马上住医院动手术。郭丽华听了，急得直掉泪，她把目光投向李斌，说："听医生的，住院动手术，越快越好！"。闻讯赶来的厂领导听了医生的病情介绍后，马上联系了华山医院，并让"李斌立即放下手上的所有工作，去住院治疗。"

在华山医院一间单人病房里，悄然无声，李斌正经历着人生中最痛苦的时刻。

这是李斌第一次住院。面对完全陌生的环境，李斌若有所思。往常，李斌面对的是隆隆的数控机床、闪烁的机床指示灯、来回穿梭的同事工友，空气中弥漫着辛辣的机油味。而现在，李斌面对的是雪白的墙壁、穿着白大褂的医生护士，空气中散发着医院里特有的酒精混合味。

李斌很不习惯，他感到失落，在企业特别需要自己的时候，无奈地倒下了，真是心有不甘啊。

此刻，李斌正躺在手术台上，上了麻药，手术即将开始，那么，等待着他的，将会是什么呢？

李斌的手术非常成功。

虚弱的他躺在病床上。市领导来看望他，市总工会领导来慰问他，同事们也来问候他。郭丽华日夜陪伴着他。小小的病房里摆满了各色鲜花。

手术后的最初几天，李斌发高热，身子异常虚弱。但只要看到车间同事来，他就会忍不住询问生产上的情况：零件加工有没有问题？刀具情况怎么样？数控机床正常吗？等等。唯独不讲自己的病情。有时一边吊着盐水瓶，一边打电话了解班组的生产进度。一旦加工中出了什么问题，他都要仔细了解，并给出解决方案。

这天晚上，李斌的热度退了，便支起身体，拿起笔，编写即将要进行加工零件的程序、工艺。正在编写的兴头上，郭丽华推门轻轻地进来了，说是迟，那时快，李斌赶忙把笔和纸藏在被窝里。其实，小郭早就看见了他的举动，便嗔怪地说："你不要命啦，高热刚退就在工作啦，现在一定要好好养病，等病好了，工作有你干的。"

两周后，主治大夫给李斌开了出院单，并一再关照，出院后至少要在家休息三个月。

三个月？李斌连三天都待不住啊。他满脑子都是厂里的事。正在这时，厂里同事打来电话说，有一批零件加工出了点问题，李斌一听心里很是着急。

第二天一大早，郭丽华刚出门上班，李斌就骑上助动车离开了家。从家到厂有一段高低不平的路，助动车上下颠簸得很厉害，他的伤口隐隐作疼，豆大的汗珠从脸上流淌下来。李斌咬紧牙关，赶到工厂后就直奔车间。

一回到机床旁，李斌仿佛换成了一个人，全然不像一个刚动过大手术的病人。他先是解决了零件加工中出现的问题，而后又是编程，又是选刀，随时调整进刀速度，还指导徒弟的操作。第二天，李斌又悄悄来到车间上班。没几天，他又和往常一样，开始加班了。在出院的几个月里，李斌没有好好地休息过。怎么也拗不过李斌的郭丽华心想：既然老李把工作看得比生命还重要，那就全力支持吧，也许，对技术的追求和对工作的热情，就是他治疗疾病的最佳良药。

选 择

1996 年春天，李斌接到上海市总工会的通知：4 月份由市总工会组织"上海市首届十大工人发明家"访问日本，并与日方有关企业的员工进行交流，请李斌做好出访的准备。

接到通知那天，李斌正在位于上海浦东金桥的液压基地进行设备安装调试。这个项目，市政府已经投资了 1.9 亿元。目前，正进入最后调试阶段，准备迎接国家级的验收。

为了这个项目，李斌和他的同事们已经好几个月没有休息了。甚至，连传统的春节，他也是在机床旁度过的。

从厂领导手里接到出访通知的一刹那，李斌顿感心头一热。他想，自己只是做了一个工人应该做的事，组织上却给了他那么大的荣誉和奖励，还要送他出国考察，心里非常感动。李斌平时非常留意一些发达国家数控技术的发展动态，尤其是日本数控技术发展的情况，而日本的数控技术发展非常快，在世界上处于领先地位，心想有朝一日一定要去实地看看。现在机会来了，到那里去走上一回，兴许还能带些国外的先进技术回来呢。

可是，他静下心来转念一想，这次去日本考察，是市总给的名额，而差旅费由企业自行承担，去趟日本起码要花费万把元钱，企业目前尚未完全走出困境，花费这么一笔钱出国实在是有点舍不得。况且，现在基地正处于设备调试的关键阶段，我一下子也走不开啊！

想到这里，他就回到厂部办公室对厂领导说："这次算了，我还是不去了吧。"

李斌放弃出国考察的消息传到了液气总公司党委书记毕荣福的耳朵里，毕荣福为之感到惋惜，便约见李斌，真挚地对他说："企业有困难是事实，然而参加这样的活动，不但机会难得，更重要的是，你出去能长点见识，学点技术经验，因此，企业花这些钱还是值得的。"

毕书记的一席话说得李斌心里暖暖的，他确实有点心动了。可是再仔细一想，觉得自己还是不能去。毕书记见他犹豫，便关切地问："还有什么问题吗？"

李斌直截了当地回答："有的，浦东基地项目的验收期就在眼前，如果我去日本考察，协同攻关的调试任务就会受到影响，所以，我想还是不去为好。"

望着走出办公室的李斌的身影，毕书记心里感慨道：是呀，那个身影是蔚蓝色的，就像大海那样宽阔。

诚然，毕书记知道项目验收已经近在眼前，时间非常紧迫。他是为李斌着想啊，一年 365 天，李斌几乎每天都在为企业操心，不是在加工零件，就是在调试机床，或者在排除故障，没有什么空闲的时候。一个普通的工人与企业心心相印，将企业的工作放在第一位，为了工作而不惜放弃出国考察的机会，毕书记为之动容：有这样好的工人，这样忘我的精神，我们的国有企业还不能走出困境吗？于是，毕书记同意了李斌的选择。

同事们知道李斌放弃去日本考察的消息后，都为他感到惋惜，有的感到不可思议。

"这样好的机会，这样高规格的出访，轮到谁都不能放弃啊，哎，这回李斌有点傻。"

"这次出访你去好了，我们一定会完成基地里的工作，不会让你失望的。"

"怎么，就这样随随便便地就放弃出国考察的机会了？"

工友们议论纷纷。连李斌的妻子小郭也想不明白。她对李斌说："你不是一直想去日本学习先进技术吗？现在既然有了考察机会，你倒又要放弃？这种机会别人盼也盼不来呀，说你傻就是有点傻。"

李斌只是笑笑，没有作任何解释。

第二天，李斌和平常一样，穿着那身蓝色工作服出现在车间里，和大家一起，为完成基地的验收任务而忙碌开了。

消息传到了市总工会领导那里。"像这样把企业利益放在第一位的工人，应该得到大家的尊重和理解。"对李斌的选择，领导十分赞赏。

"搬 家"

1997 年 6 月间，一个消息在上海液压泵厂职工中迅速传开：企业要搬迁了。是的。企业准备搬家，要从处于市中心的淮海西路搬到近郊朱行镇的虹梅南路厂区。

正是盛夏季节，工人们忙得不可开交，有的在拆卸机器设备，有的在包装工具零件，还有的在整理各类图纸。随着设备、零件、工具、办公用品的逐步运走，一些车间已经停产，大部分职工也回家休息待命了。可是，李斌小组所在的数控车间依然处于忙碌状态，一部分设备已经拆卸，还有一些机床仍在轰鸣。由于产品加工周期的特殊性，数控车间被厂里确定为最后一个搬离的部门。

面对眼前一片狼藉的现场和紧张的加工任务，一些职工产生了情绪。有的埋怨说："别人都回家休息了，可我们还在干，值得吗？"有的还说道："这么多的任务都交给我们一个车间干，怎么干的过来啊？"

听着同事的"牢骚"话语，看着大伙疲惫而委屈的脸色，李斌感到，特殊的时刻到了，这是发挥一个共产党员特殊作用的时刻，也是考验李斌小组特殊作用的时刻。于是，李斌利用工作间隙，召开了一个特别的班组会议。会上，李斌推心置腹地和大伙说："目前企业正面临关键的转折期，我们小组加工的产品周期非常紧张，如果因搬迁而导致产品脱期，就会失去用户对我们的信任，就会失去一部分市场。我们正面临着一场严峻的考验。大家一定要要振奋精神，争分夺秒，既要完成搬迁任务，也要完成加工任务。"李斌的话铿锵有力，句句在理，工友们听了纷纷点头。很快，大家迅速调整了心态，理顺了情绪，许多职工主动早上班晚下班，车间里又是一片忙碌景象。当最后一个零件加工完毕、经检测完全合格时，大家情不自禁地欢呼起来，把欣喜的目光转向了李斌。

搬迁工作拉开了序幕。

搬迁计划十分周密。他们把十几台数控机床擦拭得光洁锃亮，在转动部位都上了润滑油，又盖上了防护布，有的部位还扎了绳子，做好固定。这些工作又苦、又累、又繁重、又细致，作为共产党员和小组组长的李斌，样样工作都干在前头，苦活累活脏活都抢在前面。

搬迁准备工作在继续。

有一台最大的数控机床的顶部需要擦拭，按理应由清洁工来完成，但李斌却毫不犹豫地爬了上去。这台机床有3米高，顶部又有一些凹凸部位，稍有不慎就会滑倒。可李斌全然不顾，站在数控机床的顶部细心擦拭，打扫角落，再涂上防锈油。当擦拭完成、李斌跳下机床时，大家一看，李斌满脸灰尘，工作服上全是油腻。有职工开玩笑地对李斌说："你把机床打扮得像出嫁的姑娘。"李斌笑笑说："我们把机床保养好了，既可以确保证它的工作精度，又可以延长它的使用寿命啊！""设备的保养程度也在一个方面反映了企业职工的精神面貌。"李斌补充说道。大家听了，都点头表示认同。

搬迁准备工作还在继续。

李斌要求大家把所有工具、包装箱子、设备、办公用品等都编上号，登记造册，做到不损坏、不遗漏、不乱丢。

到了处理机床切削液问题的时候了。按常规，机床里的切削液可以倒掉，待到了新车间后再倒入新的切削液。但李斌想：购买一桶进口切削液得化一笔不小的费用，我们理应为企业节约每一分钱。于是，李斌吩咐大家分头找来几只铁桶和铁罐，把机床里的切削液抽出来装进桶罐里，抬到车上准备发运。

夕阳西下时，车间里的全部设备、工具、用品等都装上了车，司机正准备开车，大家发现李斌还没上车。于是，几位职工就去车间里找。他们看到李斌还在车间里来回走，仔细一看，李斌将一些小工具、小铁料、小铜块、小钢丝、甚至是回丝，都打进包里准备带走。这下可急坏了待在旁边准备接手清场的包工头。因为按清场规定，从清场之日起，所有留在场地里的物品都归包工头所有。以前这个包工头包揽过几个企业的清场业务，企业留下的各种杂乱物资使他发了财。看见李斌还在车间里低头寻

找东西，他忍不住直跺脚，对李斌说："哎，朋友，侬这么一搞，我没有啥赚头了。侬帮帮忙好伐,总归要留些东西,给我留口饭吃吧！"李斌抬起头，对他说："朋友啊，我们企业穷，这些东西都是花钱买的，都要省着用呀！"

包工头无奈地摇摇头，说："都像你这么抠，我们就得喝西北风啰！"

搬迁到新厂区后，李斌小组马上投入到安装设备的工作之中，他们是全厂第一个投入生产的班组。

劳尔的泪水

1986 年 3 月，上海液压泵厂派出十几个青年工人前往德国海卓玛蒂克公司的瑞士冯劳尔分公司培训，李斌是其中一个。虽然，这次培训时间不长，但李斌的出色表现给德国主管劳尔留下了深刻印象。

三年后，李斌再次赴瑞士培训，数年朝夕相处，劳尔已深深喜欢上了这个憨厚聪慧的中国青年。一天，德国主管特意把李斌叫进办公室，诚恳地对李斌说："希望你能留下做我的助手，我们公司报酬优厚，前程无限。"见眼前的中国青年不吭声，劳尔又表示："如你觉得有愧工厂，我们可免费为液压厂提供一台 20 万美元的数控机床。"李斌完全明白了德国主管的意思，他礼貌地回答说"NO。"这个 29 岁的小伙子心里想的是：学好本领回国，报效养育自己的祖国。回国的日子到了，临别时，劳尔依依不舍，"孩子，回去后一定要给我写信呵！"他边说边把一本德文版的数控机床编程手册塞进李斌手里。"留个纪念吧，你会用的上的。"这个日耳曼人紧紧抱住李斌，眼眶里滚出激动的泪水。

当然，在特殊的情形下，李斌的思想也出现过波动。

那是上世纪九十年代初，随着计划经济向市场经济转变，李斌所在的液压泵厂设备陈旧、技术老化、市场萎缩、企业亏损，被上海市经委列为全市重点解困企业之一。正在这当口，上海液压泵厂的上级公司在浦东和一家美国企业萨澳合资建厂，厂里抽调了李斌等一批技术骨干去帮助调试机床。两个月后，合资企业看中了李斌和其他几个工人，想挖他们去新厂工作。合资厂设备齐全，都是数控机床，工资还翻倍。李斌的搭档小王不仅自己动了心，准备跳槽，而且还怂恿李斌也到合资企业去。李斌听了，一声不吭，双眉紧锁，开始一支接一支地抽烟。是的，也是在中国的土地上，也是合法经营为社会创造财富，他为什么不能到一个设备条件更好的企业去大显身手呢？再说，他要养家、买房，需要用钱啊。

此刻，李斌心潮翻滚，思绪万千：他想起，有一次外国专家来厂参观，看着液压泵厂的产品居然说，你们的产品还不如我们的废品，气得李斌好几天睡不着觉；他想起，液压泵厂的产品出口，外国商人只要在里面换几个零件，价格就能翻几番；他又想起，有次自己生病住院，班组同事知道后，在生产任务十分繁忙的情况下，主动轮流到医院陪夜；他还想起，企业一次次送他国外培训见习，让他在工作时间参加电大、业大学习进修……

　　"做人可要讲良心，要有感恩之情，要知恩图报呀，人不能被一时的得失所困扰，除非企业破产，否则，我李斌哪也不去，一定要为企业创业出力，要亲眼看着液压厂起飞，我是吃了秤砣铁了心，继续在液压泵厂干下去。"当他把自己内心的感受和决定告诉小王后，热泪夺眶而出。从此，李斌安心于一线，专心于岗位，潜心于技术。

　　光阴荏苒，转眼，到了2017年，新任上海电气集团党委书记、董事长郑建华在第一时间来到上海电气液压有限公司，看望李斌和一线职工，他对企业重新定位，要求企业加大改革力度，充分发挥李斌的劳模作用，牢牢把握历史机遇，把企业的生产搞上去。

　　是的，当企业一次次处在十字路口时，李斌始终没有迷失方向，没有失去信心，他用自己的一言一行影响、激励所有的同事，带领他们知难而上。在员工的心目中，李斌俨然成了企业的定海神针！

　　熬过了严冬，终于迎来了明媚的春天。企业紧紧抓住市场复苏的机会，喜获改革创新的成果：在人员减少近一半的情况下，预计2019年的生产销量比2016年增加五倍，将达到18000台的历史新高。

　　事实证明：李斌的执着与坚守都是非常值得的。

生命的"特效药"

1997 年，李斌被查出患了恶性肿瘤。手术之后，妻子央求他："你别在一线干了，换个轻松点的岗位吧。"组织上也有这方面的考虑。李斌患病期间，时任上海市委书记黄菊亲自去探望他，单位领导和同事经常去病房探视。但凡说到工作，李斌总是坚决地表示："数控机床已经是我生命的一部分，我不能离开！"

李斌住院期间，正值厂里急需生产一批新产品，而当班工人一时又无法操作。他知道后，心里十分着急，出院在家只休息了一个星期，就强忍着剧痛坚持上班。一回到机床旁，他似乎就忘记了病痛，浑身来劲，工作成了他恢复健康的"特效药"。因为长期坚守在第一线，李斌练就了"全工种技能、全机种操作、全方位工艺"的特殊技能；因为长期坚守在第一线，李斌熟悉产品技术和产品加工工艺，并融合数控技术应用，创造出辉煌业绩；因为长期坚守在第一线，李斌实现了当工人就要当一名好工人、就要为工人阶级争光的愿望。

从 1980 技校毕业进厂，38 年来，李斌始终坚守在生产第一线，为改变我国液压行业技术落后的面貌不懈努力。他常说："作为新时代产业工人中的一名党员，不仅要有很强的党性，而且要有一流的创造性，真正做到履职尽责创先进，立足岗位争优秀，为推动科技创新作出应有的贡献。""做新时代产业工人的先锋，就要扎根一线、爱岗敬业"在一些人眼里，当工人是没有出息的。李斌坚持认为：作为工人阶级的一员，就不能置身事外，要时时处处作主人；而作为工人阶级的先进分子，选择了跟党走，就要同党和人民的事业患难与共，充分发挥先进作用。常有人问李斌，你有这么多的荣誉，又有一手好技能，为什么还在一线当工人呢？其实，他也面临过很多诱惑。 1986 年至 1989 年，组织上曾两次派他去海卓玛蒂克公司在德国和瑞士的分公司培训。不到一年，他就掌握了工艺、编程、电气、刀具四项关键技能，成为这家公司第一个中国调试工。该公司负责人认可了李斌的水平和能力，打算用高薪把他留住，被李斌婉言谢绝了。

曾有位外国专家来到液压泵厂考察时，对厂里最好的产品都不屑一顾，由此深深刺痛了李斌的心。他想：一个民族要站立起来，一个国家要富强起来，科学技术就一定要强起来。作为新时代产业工人的先锋，一定要有知识、懂技能、会创新，还要掌握特殊的岗位技能。他心里对自己说："别人难以做到的事情，党员要带头做到，同样是做一件事情，党员要做得比别人更好。"有一次，外聘的专业维修队两天都没修好出现毛病的数控机床，而李斌却听听声音就排除了故障。他还经过近百次刀具革新，将加工工序 7 道减为 2 道，使厂里 45 台数控机床的工效整整提高了 25 倍。

战"非典"

2002 年 12 月底，一种叫做"SARS"的病毒在广州出现，后来把这病毒称为"非典型肺炎"，俗称"非典"。3 月 6 日，北京也出现了"非典"疫情。至 2003 年 4 月，"非典"疫情肆意扩散，广州和北京为"重疫区"。这是一场人类医学史上罕见的传染病。当时，人们"谈非色变"，街上满是戴口罩的行人。凡是到过疫区的人回来，一律要进行"医学观察"。

其实，大家都不敢到疫区去，有些本来安排的重要商务活动、交流活动、旅游观光活动、亲友探访活动几乎全部停止。

2003 年 4 月 26 日，李斌接到了上海市总工会的通知，邀请他 28 日去北京参加欢庆"五一"活动。

在"非典"时期去北京是要冒风险的。妻子郭丽华知道"SARS"病毒的厉害，知道李斌要去北京，就格外小心，早早为他准备了必需的药物、口罩，还在一个小瓶子里装满了酒精棉球，用以擦手消毒。

恰巧，这两天厂里要对一台设备进行改造，用以加工一批新的零件。李斌夜以继日地工作，也和同事们说起要去北京参加一些活动。大家听说师傅要去"SARS"疫情厉害的北京，都为他感到担忧。可李斌却说："没关系，只要防疫得好，就不会传染，大家放心好了。"听他这么一说，大家纷纷为李斌支招，希望他一定不要感染上疾病。

4 月 28 日，带着组织的嘱咐和工友的期望，李斌踏上了飞往北京的上航 MU101 号航班。

李斌刚找到自己的座位，一位空姐来到了面前。

李斌抬头一看："是吴尔愉，你当班啊，真巧！"

原来，著名全国劳模吴尔愉正巧在这个航班上当班。看到李斌走进了舱门，她便跟过来打招呼。关切地问："你怎么这个时候去北京出差啊？"

李斌便把自己受邀参加北京"五一"庆祝活动的情况告诉了吴尔愉。

吴尔愉听了，也为李斌感到高兴，她找来一块消毒肥皂让李斌带上，提醒他多洗手，做好卫生防范。

到了北京，李斌受到了"特殊"的照顾，他和另外两位劳模代表住进了已经经过消毒的宾馆。

李斌在北京进行了一天的参观庆祝活动。其中，参加了全总召开的全国劳模座谈会。30日一早，他就乘坐航班回到了上海。

一下飞机，李斌就避开了记者和众人的目光，径直坐车去了上海市职工技协东海俱乐部，自觉接受"医学观察"了。

原来这是李斌对自己的"设计"。

在飞往上海的航班上，李斌就在思考：北京是此次"SARS"的重灾区，虽然只呆了一天，没上过街进过店，可是毕竟在疫区待过，应该自觉接受"医学观察"。不待走出机场，李斌就把自己的想法告诉了市总和厂里的领导，得到了几位领导的理解。就这样，李斌被"关"了起来。

俱乐部"关"住了李斌，但割不断李斌与工厂的联系。

李斌一住进俱乐部，第一个电话就是打到车间，急切地询问临行前改造的那台机床运行的情况。当得知改造后的这台机床运行良好时，李斌才松了一口气。

刚放下电话，电话铃声又响起来了，是一位职工询问操作中的一个技术问题，李斌给与远程指导，直到这位操作工完全理解。

俱乐部服务员了解到这些情况后，就为李斌的房间开通了直拨电话，以方便李斌与厂里的联络。对于这一特殊照顾，李斌连连表示感谢。

李斌白天打电话，了解生产情况，晚上编制程序和工艺。他请人把近期要上机加工的零件和需要开发的新产品的有关资料和图纸都送到俱乐部来，充分利用这里难得的清净，来个"大围剿"，每天化上10多个小时编程，比平时上班还要忙乎。

一天，到了午饭时间，见李斌未来餐厅吃饭，就去房间叫他，一进门，看见李斌还伏在桌子上画设计图，就打趣地说："这儿成了你的工作室了，快去吃饭吧。"李斌这才想起还没吃午饭呢。

李斌在整整10天的"医学观察"期间，一刻也没闲着。"医学观察"一结束，他就带着"战利品"——需要加工的新产品的所有编程和工艺方案，回到了车间。由于李斌作了充分的准备，大家对数控机床的调试非常顺利完美，新产品的加工周期缩短了许多，为企业的生产赢得了宝贵的时间。

"变戏法"

这是一个传奇的故事。

清晨，略显昏暗的车间一角，几个操作工人正围着一台数控机床议论纷纷。这是台进口机床，是厂里的关键设备之一，早上突然"死机"，如果不及时抢修好，会严重影响厂里的生产进度。几个电气工程师修了一阵子都无济于事。

"快去找李斌来抢修吧！"有人建议。

"李斌不在上海，他到北京去出席全国劳模表彰大会了。"李斌的徒弟说。

"哎呀，那没戏了。"

"这可怎么办啊。"

工友们你一言，我一句，车间里的空气顿时凝重起来。

望着那台处于死机状态的进口数控机床，大家一愁莫展。

实在出于无奈，车间主任只得硬着头皮打长途电话给一家台资企业，请他们马上派专家来抢修。

"需要 3500 美金，不包括往返车费，三天之后才能赶到上海。"对方在电话中表示。

"让我们商量一下再说。"车间主任沮丧地挂了电话。工人们面面相觑，束手无策。

大家无奈地走进了车间边上的休息室。

李斌的故事

为了缓解紧张气氛，一个工人打开了电视机，电视里正在播放新闻，有个画面吸引了所有人的目光。在庄严的人民大会堂，中央领导正在接见全国劳模代表，掌声、欢呼声响彻大会堂。突然，随着镜头移动，画面切换，一个非常熟悉的身影出现在荧光屏上。

"瞧，李斌，是李斌，我们厂的李斌！"一个工人指着荧屏，激动得大叫起来。

大家仔细一看，果然是液压泵厂的李斌。只见他身穿短袖白衬衫、系着斜纹花领带，正满脸笑容地和中央领导握手呢！

工人们沉浸在无比的喜悦之中。

过了一会儿，一个工人激动地对大家说："我给李斌打了电话，说刚才在电视里看到他了。"李斌问我上班怎么看电视了？我就把机床死机的事告诉了他。"万万没想到，仅仅过了个把小时的时间，李斌穿着

白衬衫、带着斜花领带，像变戏法似地出现在大家面前！太神奇了，这一幕恍如梦中，所有人都惊得目瞪口呆。

工人们还没来得及发问，李斌已换上工作服，走到机床边。他看了一会，就要往数控机床底下钻。"我来。"电气工程师沈浩自告奋勇。"还是我来试试。"李斌一边说着口头禅，一边就地躺下，半个身子探进了机床。

"问题应该在线路上。"李斌检查后说。由于光线太暗，看不太清楚，沈浩便拿来长柄手电筒递给李斌，强烈的光束照在李斌那张专注的脸上。经过一段时间检修，问题终于解决了，李斌这才钻出机床，擦了擦头上的汗。"我们刚才还看到你在北京人民大会堂和中央领导握手，怎么一下子从上海冒出来了？"一个从大别山来的徒弟眨着眼睛，脸上写满了惊讶。"这是重播，我昨晚就看过新闻联播了！"沈浩笑着回答。

"我刚下飞机，正好接到你们的电话，就过来了。"李斌说。看看李斌脸上沾满的油污，再看看复活的数控机床，在场的工人都开怀大笑起来。

工人代表，代表工人

李斌是 2008 年 1 月 29 日当选为第十一届全国人大代表的。从那天开始，这位工人代表，代表着工人的前途和命运，走进人民大会堂。

"我是一个工人。"任何场合，李斌都用这样的开场白。他不仅以一线技术工人为荣，更身体力行地代表广大一线工人参与公共事务。

正是在那一届人大，全体代表审议《劳动合同法》。讨论中，广大一线职工反响强烈，普遍认为，工人的劳动权益，应该受到国家法律强有力的保护。但是，也有观点认为，如果劳动合同法通过实施，必然会提高生产成本，影响投资环境，影响经济发展。

李斌无论如何没想到，本该是天经地义的事情，居然也会有反对声，而且"言之凿凿"、"来势汹汹"，持此种观点者，有知名商家经营者、有学者专家，甚至有个别政府官员。疑惑之余，李斌不敢怠慢，潜下心来做功课，沉下身去做调研，而后，用"七个难道"来表达工人的立场和观点。他用平缓的语调问采访他的媒体记者："难道企业不应该与劳动者签订劳动合同吗？难道企业不应该给劳动者购买养老、医疗、工伤等保障劳动者利益的保险吗？难道企业不应该足额支付劳动者的加班费？难道企业不应该让劳动者享有休息权？难道企业不应该实行 8 小时工作制？难道企业不应该提供安全、卫生的工作环境？难道企业这样做了，只是增大支出成本、带来风险？"李斌的"七个难道"，环环相扣，一环紧扣一环，环环套在了"七寸"上。道理回归到本来的样子，其实并不复杂难懂，但就是那样铿锵有力，不容置疑。劳动合同法高票通过后，有人问李斌，当时你哪来的底气？李斌笑笑说："我来自第一线，知道劳动者的最基本权益和需求，也知道现代产业发展离不开广大劳动者的主动性和创造性。"

此后，李斌连任十二、十三届全国人大代表，担任全国人大代表共 11 年，直到离世。在此期间，李斌共参加各类履职活动 280 多次。

李斌履职的每一个脚印，都留有时代的印记。走进新时代，李斌为中华民族的伟大复兴的宏伟蓝图所振奋，他思考的是，现代产业工人，如何实业兴邦？如何弘扬工匠精神？如何推动智能制造实现产业升级？如何在实现中国梦的伟大历史进程中，打造一支特别能战斗的产业工人队伍？

李斌的眼光，落在产业工人建设这一根本问题上。作为现代产业工人先锋的代表李斌，在 2016 年 3 月 5 日的全国人代会上，聚焦问题依然是：产业工人。通过兼职担任上海市总工会副主席的职务，他有着切身体会，带着一组数据与总书记习近平对话，提出加强现代产业工人队伍建设，为实现中国梦建功立业。

李斌的发言，引起了习近平总书记的高度重视，习总书记时而看着李斌，时而在笔记本上记着什么，而后，总书记说："我们要想办法调动一线工人、制造业工人、农民工的积极性，这也是社会主义的本质要求。工人阶级是主人翁，主人翁的地位要体现出来。"

得到总书记的肯定后，李斌一鼓作气，向大会提交了《关于"十三五"期间重视提高技术工人待遇的建议》，提出了正确看待工人的劳动价值、提高工人的社会地位、催生学技能的"内生动力"、发展现代职业教育体系、规范职业资格认证体系、充分发挥企业主体作用、充分发挥工会大学校作用等七条具体建议，这是李斌为破题"怎么办"拿出的方案。

2017年4月14日，中共中央、国务院印发了《新时期产业工人队伍建设改革方案》，这是党和国家历史上第一次对产业工人队伍建设改革专门进行谋划和部署。其中有多条意见都采纳了李斌的建议和设想。这份改革方案的出台使"中国技术工人的命运，由此变得更加光明。"

2018年，李斌已经重病在身，作为1575号代表，他又提交了一份书面建议："我们和世界制造强国的水平相比，主要是差在工业基础技术和研究上。目前状况是企业技术人员老化，很难招到高端年轻人才。建议教育部门整合高校优势资源，设置相关专业，吸引学生报考"。

李斌代表，代表工人。

艺术的情趣

这是一张美丽的风景照。照片中，蓝天碧洗，天上有飘逸的云朵，远处，群山蜿蜒，<u>丛丛翠绿中</u>，一座玲珑亭台隐约可见，近处，错落有致的绿叶乔木和深红色树荫，正肆意生长着，一条石板小路弯弯地伸向绿荫深处。不由地使人想起唐朝常建"曲径通幽处，禅房花木深"的著名诗句的意境。凡是看到这幅照片的人，无不啧啧称赞。

这张照片，是李斌 2011 年五月在无锡华东疗养院进行体检时拍摄的。当时，体检项目完了后，大家沿着一条山路散步，走到山路拐弯处，李斌停下了脚步，拿出了手机，对着前方的景色取景，大家也好奇地停下了脚步。只见李斌不时地变化着位置，却迟迟没按快门。大家正诧异着，只听得"咔嚓"一声，上面这张精美的照片就诞生了。

大家围拢过来欣赏李斌拍摄的照片。"想不到李斌还喜欢拍照，而且还拍得这么好。"有人禁不住赞叹。

李斌憨厚地笑了笑，说："刚才我看到前面的景色不错，就想拍一张，但我处的位置不太理想，就调整了一下，那光线较偏，我又调整光位，把明暗比例平衡了一下。"

"哟，李斌对摄影术语也蛮专业的嘛！"又有人夸道。

"刚才为什么没有马上拍？"有人问。

"哦。"李斌说："我在等，在等一片片白云飘过来。"

大家纷纷抬头，仰望天空，果然，看见一片片白云，不过，这些

白云已簇拥着向远处飘去了。这回，大家彻底服了：李斌不仅是技术上的能手，在摄影上也是高手啊！

翻开李斌手机里珍芷的照片集册，令人赏心悦目：小区雪景、池塘荷花、河边倒影、浦江夜景、草丛停鸟、校园樱花等一应俱全。这些照片，构图完整，画面完美，用光巧妙，角度独特，清新明丽，诠释着作者对生活的无限热爱和对作品意境的执着追求，一如他对工作的态度一样。

李斌不仅爱摄影，还爱养花。2013年五一节期间，厂里组织一行人来到李斌家里慰问。

李斌的家离华东理工大学不远，离厂也很近。他居住的小区有一个十分浪漫的名字：阳光绿苑。这是一个欧式建筑群。李斌的家在底楼，三室二厅。客厅东面是一套中国式木沙发，两边是木制座椅，茶几上摆放着精致的雕花。

客厅外是朝南阳台,这是李斌最喜爱的地方,阳台简直成了花的世界。许多花草,大家都叫不出名字。李斌如数家珍:"花盆里种栽的是香石竹、长寿花、一串红、薰衣草、百里香。"李斌转过身,指着一个大盆说,"这盆是太阳花,五颜六色的,特别好看。"

再往前看,是李斌种植的观叶植物,有橡皮树、文竹等。当介绍到一棵铁树时,李斌异常兴奋地说:"这棵铁树买回来已经好几年了,年年开花,你看,今年它的新芽又葆出来了。"

有人当场向李斌请教养花的经验。李斌也不推辞,缓缓地说:"花和人一样,也有生命和灵性,有的要遮阳,有的要保暖,有的要湿润,有的要干燥,有的怕冷,有的怕热。总之,只要掌握了花的习性,就能把花养好。"

这时,李斌拿起一把喷壶,说:"这时我自己做的,喷口有许多小眼,喷的时候水就像伞状一样洒在花草上,比较均匀,而且水雾也有利于花的生长。"李斌边说边示范,果然,喷口的水像伞状洒向花草。这些花花草草在水的滋润下,轻轻地摇弋,仿佛在向主人点头表示感谢。

这时,李斌爱人郭丽华过来插话说:"为了照看这些花草,不管工作有多忙,李斌每天早晨起来总要去看一看花、浇一浇水才放心。"

此时,大家都被李斌高雅的生活情趣所感染了。

"今天李斌给我们上了生动的情趣课,下面请李斌再为大家唱一首歌!"人群中有人建议。

"好!"大家欢呼起来。

"唱什么歌?"李斌笑着问。

"《爱像一首歌》!"

"好吧！"李斌润了润嗓子开始唱起来：

"让我们肩并肩，手拉手，

在那海边悬崖下看浪花，

让我们开着车，兜着风，

到那青青山坡下采野花……"

李斌在工作间隙时常哼唱这首歌，这也是李斌和爱人郭丽华平时最爱哼唱的曲子。

大家都知道，李斌喜欢音乐。当年在瑞士学习培训期间，他就抽空买回许多 CD 片，如"维也纳新年音乐会"、"施特劳斯钢琴曲"、肯尼金的"萨克斯风"等。工作之余，他常常会听上一曲。有时累了，也会听听音乐，或者哼哼曲子解乏。李斌对一些流行歌曲的歌词也记得很清楚。

郭丽华有一个随身 MP3，里面全是李斌为她选录的歌曲，第一首就是《爱像一首歌》，依次是《真情人》、《征服》、《爱不后悔》、《爱情的故事》……

平时不善言辞的李斌，用全世界通用的语言——音乐，来表达对妻子的一片深情。

儿子眼中的父亲

2019 年 3 月初的一天，上海市总工会召开会议，布置工作，要全方位、多角度了解李斌，宣传李斌事迹。带着任务，液气公司工会主席崔华建来到李斌家里，见到李斌的儿子李盛捷，崔华建开门见山、直奔主题："小李，我知道你现在很悲伤，向你表示慰问。为弘扬李斌精神，我们希望能全面了解李斌，请你谈一下，在你的眼里，父亲是一个什么样的人？"

李盛捷打开了话闸子。

"在很多人眼里，我父亲是一位心系党、国家、事业和工作，不苟言笑的人，而我深切感受到，父亲是一位慈爱的、富有浪漫情怀、充满生活情趣、紧跟时代潮流的人。"

"父亲重病期间，心里最常挂念的一是工作，二是我和母亲。他时常会问我母亲，饭吃了吗？而后，又满怀深情地说，等我病好了，一定要给你们做最爱吃的菜，儿子是喜欢吃肉的，你是爱吃虾的，我都知道的。"

"回想起父亲身体康健时，虽然工作十分繁忙，但是对于家里的照顾却十分周到。至今回忆起父亲烧的菜、下的面、熬的汤，我不禁潸然泪下。记得高考那年，父亲虽不像母亲那般日夜督促我学习，却一直默默地给我烧可口的饭菜，他用这种方式关心我，爱护我，鼓励我。父亲对待烧饭做菜的工序，十分讲究。一道油焖大虾，更是亲朋好友赞不绝口的拿手好菜。有次我问父亲，是不是有什么烧菜秘诀。他说，烧饭做菜最重要的在于原料，好的酱汁与食材往往会使你的努力事半功倍。就像一个合格的成品，也是由那些完美的零件互相组成的一样，所以，无论是对待学习或工作，每一步都要用心。那时，我还未明白父亲说这番话的深刻含义，现在细想，父亲虽然讲的是烧菜的道理，其实也是他对工作和生活的态度，对我更是一种教诲。如今，每当我走进厨房，浮现父亲那忙碌的身影，耳畔会响起那叮叮当当的声响……"

"父亲非常热爱生活，一花一草，一景一物，对于他来说都如此美好。父亲到瑞士学艺，接触到数控机床后，就喜欢上了电子产品，他喜欢音响，爱好用数码相机、手机拍下各种漂亮的花草和有趣的景象，智能手机的视窗系统、安卓系统、iOS 系统的各种功能，他都有很深的研究，连我这个 90 后也佩服不已，我们在很多方面的交流竟然没有代沟！"

"父亲是一个学一行，爱一行，专一行的人，在兴趣爱好上亦是一样。这几年，他学会了钓鱼，而且就到了痴迷的程度。记得去年他参加全国两会回来以后，难得有个休息天，那天，下着雨，天气阴冷，他要出去野钓，我和妈妈都劝他等天气放晴了再去，他的钓瘾上来了，拦也拦不住，结果，那天他钓了四个多小时，收获了大大小小三十多条野生鱼，尽管回家时的样子相当狼狈，但他高兴得手舞足蹈，像个小孩一样。之后，父亲又把钓到的鱼发到微信群里'炫耀'一番。我们也跟着乐了。吃饭的时候，他和我们介绍钓鱼的诀窍，使我对父亲刮目相看。父亲还不无遗憾地说，今天钓的时候，有两条大鱼竟然从我眼皮底下逃走了，说话的样子，真像个孩子。父亲病重期间，对前来探望的同事说，多么希望能够身体好起来，再和钓友们来一场钓鱼比赛呀，可惜的是，父亲的愿望永远实现不了了。"

"父亲还在阳台上养了许多花花草草，并经常浇水呵护。如要外出开会几天，父亲就会叮嘱我和母亲别忘了给花草浇水。"

"父亲一生为党、国家和事业而忙碌的同时，也十分关心我的成长。病魔缠身期间，父亲依旧常常忍着疼痛，教导我如何成为一名合格的党员，督促我将入党申请书早日落笔。如今，我已向组织提交了入党申请，争取早日加入党组织，告慰父亲的在天之灵。"

说到这里，李盛捷早已泣不成声。

浪漫而温情的丈夫

2019年春节前的一天下午，病重中的李斌在午睡醒来后，头靠着枕头，斜躺着在病床上，低声哼着一首走了调的小曲。坐在病床边上的妻子郭丽华感到十分纳闷：平时不太唱歌的丈夫，怎么突然哼起歌曲来了？"李斌，你哼的是什么曲子呀？"妻子好奇的问。"歌名叫'亲密爱人'。"李斌的声音显得嘶哑、微弱。郭丽华心中一颤，紧握着李斌的手，轻声问："谁是你的亲密爱人？"李斌艰难而动情地说"当然是……是郭丽华咯，郭丽华是我的……亲密爱人。"丈夫喃喃地重复着，郭丽华泪如雨下。

是呀，在李斌的心中，郭丽华是刻骨铭心的亲密爱人，即便在弥留之际，李斌已然处于意识模糊、难辨音容的状态，也未曾有过一次认错妻子，任何人只要提起起郭丽华的名字，他的意识会骤然清醒，会和别人交流，双眼会闪烁出明亮的光。

是呀，李斌对爱人既浪漫又深情，生活上的照顾更是无微不至。由于爱人不善做饭，所以，每次出差前，李斌总要把馄饨包好，按照爱人每顿吃的只数分开包好放进冰箱里，并告诉爱人东西放在第几格，方便她取用。

是呀，李斌每次出差在外，都会通过电话、短信、微信等形式与爱人保持密切联系，关心爱人和家里的情况。他养成了一个习惯，出差回来，总会送给爱人些小礼品，这些礼品，价钱虽然不贵、但非常有情调，非常有意义。在夫妻俩特殊的纪念日里，李斌总会给爱人送上鲜花、蛋糕，表达深深的爱意和无尽的关怀。

　　李斌住院后，有一天，他悄悄对前来探望的同事小朱说："今天是七夕节，往年只要我有空，总会到花店购买鲜花送给郭丽华的，现在我行动不便，请你帮忙买一束鲜花，我要送给日夜照顾我的爱人。"小朱马上点了点头。李斌把漂亮的鲜花送给爱人，并深情地说："今天是七夕节，你辛苦了，送你一束鲜花，表达我的心意！"郭丽华手捧鲜花，情不自禁地紧紧依偎在丈夫身边，任凭热泪滚滚而下……

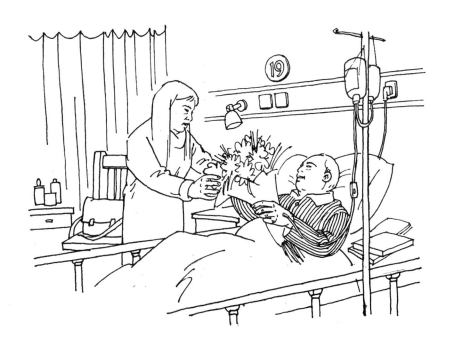

弥留之际

李斌住院了，消息不胫而走，不管是与他相识的还是不相识的，都为李斌担忧。

他先在华东医院治疗，后转到徐汇区中心医院继续治疗。

寂静的病房里，李斌安静地躺着。此时的李斌，手背上吊着盐水，胳膊上插着医用管子，他的眼睛在四处张望，似乎在寻找着什么。

他在寻找什么？

他仿佛在寻找德国海卓玛蒂克公司瑞士分公司自己曾经学习培训过的厂房。在那遥远的地方，有指导他学习的外国师傅，有当时最先进的数控设备，也有他成为数控技术专家的梦想，呵，那是他攻占数控技术高地起步的地方。

他还仿佛在寻找液压泵厂那间他日夜奋战的车间。那里有他永远不愿离开的岗位，有令他着迷的一排排数控机床和创新无数的李斌技术中心，这些数控机床正等待着他去检阅、驾驭。呵，那是他一步步走向成功继而登上大国工匠之巅的地方。

他又仿佛在寻找和他并肩战斗的工友们。他看见了那一张张熟悉的脸庞。那里有他们的追求，有他们的欢乐。他看见他们又攻克了一个项目，又获得了一个专利。呵，那是他带领的为企业为国家不断做出新贡献的团队。

也许，此时的李斌，没有在寻找什么。自己只是在这里休整一段时间，等病好了，就回到那熟悉的岗位上去！

正在李斌张望寻找的时候，同事小朱进来了。

"你辛苦了。"每次见到同事小朱来病房探望，李斌总会这么说。

小朱给李斌送午饭来了，午饭是外卖的。上次见到李斌欲言又止的样子。小朱猜想大概是饭菜不合他的胃口，于是就给他换口味。其实李斌是想说，外卖的饭菜好吃，就是太贵了。这次，见到小朱进来，李斌就直接说："好久都没有吃到食堂庄阿姨烧的饭了，好想吃热腾腾的炸猪排啊。"李斌非常想念泵厂食堂那熟悉的味道。

"李师傅，那明天我就把您想念的美味带过来吧。"

此后，每当李斌吃着厂里食堂师傅烧出的鲫鱼、咸肉、陈皮虾、新鲜蔬菜时，就会赞不绝口地说道："还是庄阿姨烧的最好吃！"

这天早晨，李斌起床洗漱完毕，准备吃药时，医院护工进来要给李斌倒水。李斌连忙拦住了她，说："你辛苦了一夜，我自己来吧。"说着就拿起暖水瓶倒水。望着李斌日渐瘦弱的身子，护工鼻子一酸，走出了李斌的病房。一天，护工碰到小朱，动情的说："李斌为人友善，做事都为别人着想，从不愿意麻烦别人。你看他现在卧病在床，只要他能自己干的事，从来不叫我们护工。这样的人很少见啊！"

其实，李斌偏爱自己厂里食堂的饭菜，考虑更多的是想为单位节约费用。

有一次，小朱刚把饭送到病房，李斌就急切地问："小朱，最近车间的生产进度和产量怎么样？工人们都挺好吧？"

他心系泵厂，时刻惦记着厂里的生产情况，吃饭时，又会询问："这个月做了几台？来得及做吗？"

李斌始终把责任放在心上，他说："只要每个人把自己的本职工作做好了，企业这个'小家'就好了，'小家'好了，那么，国家这个'大家'肯定越来越好！"

面对病痛，李斌依旧积极乐观，很少看见他有过忧愁的表情，他的脸色一直很淡定。这份淡定的背后，是坚强和信念，让人感受到一种正能量的释放。

病重期间，李斌时而意识模糊。有一次，他指着病床前的电视机问道："你们看，这台数控机床是不是还在工作，它怎么还在运转？"还有一次，中午吃鱼时，李斌从嘴里泯出一根鱼骨头，他转过头，郑重其事地对他爱人说："这是非常关键的马达零部件，很重要的，千万不能掉了。"

看着李斌那么专注认真的样子，他爱人和同事都感慨不已。李斌的职业精神和对工作热爱程度，实在令人动容。

李斌是第二届全国道德模范、"时代的领跑者"，李斌的病情牵动着北京相关领导的心。2019年1月17日，中央文明办负责同志专程来到上海，看望患病治疗中的李斌，并转达了中央领导同志的问候。

慰问组来到上海市徐汇区中心医院，向李斌及其爱人送上了鲜花，"您是十多年的老模范，为国家数控事业无私奉献，您一定要赶紧养好身体。"慰问组领导紧紧握着李斌的双手说。"我一定积极治疗，争取早日回到工作岗位。"李斌说。

然而，这次李斌没能返回岗位，无情的病魔，过早地夺走了他的生命。

附录 1

李斌所获荣誉一览

序号	年度	荣誉称号	证书信息	
			发证单位	（发证）时间
1	1993 年	1993 年度上海市劳动模范	上海市人民政府	1994 年 4 月
2	1994 年	上海市合理化建议和技术改进活动先进个人	上海市合理化建议和技术改进活动办公室	1995 年 5 月
3		全国机械工业劳动模范	中华人民共和国机械工业部	1995 年 2 月
4		1995 年度上海市劳动模范	上海市人民政府	1996 年 4 月
5	1995 年	上海市首届十大工人发明家	上海市总工会	1995 年 5 月
6		上海市"三学"十佳状元	中共上海市委宣传部	1995 年 12 月
7		上海市优秀共产党员	中国共产党上海市委员会	1996 年 6 月 27 日
8		机械行业献技献艺积极分子	中华人民共和国机械工业部、中国机械冶金工会全国委员会	1995 年 10 月

		全国五一劳动奖章	中华全国总工会	1996 年 4 月
9	1996 年	全国杰出青年岗位能手	共青团中央、国家经贸委、中华人民共和国劳动部	1996 年 12 月
10		上海市敬业创业的先锋	中共上海市委组织部、中共上海市委宣传部	1997 年 5 月
11		上海市杰出青年岗位能手	上海市青年岗位能手活动组织委员会	1997 年 4 月 9 日
12		1997 年度上海市劳动模范	上海市人民政府	1998 年 4 月
13		全国十大杰出工人	中华全国总工会	1997 年 4 月 18 日
14	1997 年	全国机械工业职工楷模	中华人民共和国机械工业部	1997 年 5 月
15		中国青年五四奖章	中国共产主义青年团中央委员会、中华全国青年联合会	1997 年 4 月 24 日
16		上海市新长征突击手标兵	共青团上海市委员会	1997 年 4 月 9 日
17		上海市第七次党代会代表		1997 年 12 月
18				

19	上海市第十一届人大代表	1998 年 2 月
20	上海市总工会第十次代表大会代表	1998 年 8 月
21	中华全国总工会第十三次全国代表大会代表	1998 年 10 月
22	上海市职工绝技高招	上海市总工会、上海市劳动和社会保障局	1998 年 12 月
23	中华技能大奖	中华人民共和国劳动和社会保障部	1998 年 12 月 4 日
24	1999~2000 年上海市杰出技术能手	上海市劳动和社会保障局	2000 年 12 月
25	全国劳动模范	中华人民共和国国务院	2000 年 4 月
26	2001~2003 年度上海市劳动模范	上海市人民政府	2004 年 4 月
27	上海市优秀共产党员		
28	上海市工业系统优秀共产党员	中共上海市工业系统工作委员会	2001 年 6 月
29	上海基层党建巡礼即立杯纪念奖	中共上海市委组织部、上海人民广播电台	2001 年 7 月

(1998 年行: 19, 20, 21)
(1999 年行: 24)
(2000 年行: 25)
(2001 年行: 27, 28, 29)

序号	年份	荣誉/称号	授予单位	时间
30	2002年	上海市第八次党代会代表		2002年5月
31		上海工业十大工人标兵	中共上海市委宣传部、上海市总工会、中共上海市工业工作委员会、上海市经济委员会	2002年4月29日
32		中国共产党第十六次全国代表大会代表		2002年11月
33		2002年度上海市建设工业新高地争先创优活动先进个人	中国共产党上海市工业工作委员会、上海市经济委员会	2003年1月
34	2003年	上海市第十二届人大代表		2003年2月
35		上海市总工会第十一次代表大会代表		2003年6月
36		中华全国总工会第十四次全国代表大会代表		2003年9月
37		全国机械工业职工技术改进创新标兵	中国机冶建材工会全国委员会、中国机械工业联合会	2003年9月

38		2004~2006 年度上海市劳动模范	上海市人民政府	2007 年 4 月
39	2004 年	上海市杰出技术能手		
40		上海市优秀专业技术人才	中共上海市委、上海市人民政府	2004 年 1 月
41	2005 年	全国劳动模范	中华人民共和国国务院	2005 年 4 月
42		2005 年度全国知识型职工标兵	全国创争活动领导小组	2005 年 12 月
43	2006 年	全国五一劳动奖章	中华全国总工会	2006 年 1 月
44		全国十大高技能人才楷模	全国创争活动领导小组	
45	2007 年	上海市第九次党代会代表		2007 年 5 月
46		上海市职工科技创新突出贡献奖	上海市科普工作联席会议、上海市公民科学素质工作领导小组	2007 年 5 月 19 日
47		全国道德模范提名奖	中央文明办、全国总工会、共青团中央、全国妇联	2007 年 9 月
48		中国共产党第十七次全国代表大会代表		2007 年 10 月
49		中国机械工业技能大师	中国机械工业联合会	2007 年 10 月

50		十一届全国人大代表		2008 年 3 月
51	2008 年	上海市总工会第十二次代表大会代表		2008 年 5 月
52		中华全国总工会第十五次全国代表大会代表		2008 年 10 月
53		国务院特殊津贴获得者	中华人民共和国国务院	2009 年 3 月 3 日
54		全国"敬业奉献"模范	中央宣传部、中央文明办、总政治部、全国总工会、共青团中央、全国妇联	2009 年 9 月
55	2009 年	"60 位时代领跑者 — 新中国成立以来最具影响的劳动模范	中华全国总工会	2009 年 9 月
56		上海改革开放三十年风云人物		
57		中国机械工业科学技术一等奖	中国机械工业联合会、中国机械工程学会	2009 年 12 月 30 日
58		国家科学技术进步二等奖	中华人民共和国国务院	2010 年 11 月 29 日
59	2010 年	全国劳动模范	中华人民共和国国务院	2010 年 4 月
60		国家技能人才培育突出贡献奖	中华人民共和国人力资源和社会保障部	2010 年 11 月 2 日

新时代产业工人的楷模

李　斌　的　故　事

61		上海市优秀共产党员	中国共产党上海市委员会	2011 年 6 月
62		全国优秀共产党员	中共中央组织部	2011 年 7 月 1 日
63	2011 年	上海市职工优秀技术创新成果一等奖	上海市总工会、上海市科学技术委员会、上海市经济和信息化委员会、上海市人力资源和社会保障局	2011 年 5 月
64		全国机械工业职工技术创新成果范个人和创新能手	中国机冶建材工会全国委员会、中国机械工业联合会	2011 年 10 月
65	2012 年	上海市第十次党代会代表		2012 年 5 月
66		中国共产党第十八次全国代表大会列席代表		2012 年 11 月
67		第十二届全国人大代表		2013 年 3 月
68	2013 年	上海市总工会第十三次代表大会代表		2013 年 5 月
69		中华全国总工会第十六次全国代表大会代表		2013 年 10 月
70		全国机械冶金建材系统首席金牌工人	中国机械冶金建材工会全国委员会	2013 年 10 月

169

	年份	荣誉	授予单位	时间
71		中国质量奖提名奖	中国质量奖评审表彰委员会	2013年12月12日
72	2013年	2013年度上海市市长质量奖	上海市人民政府	2014年8月21日
73	2015年	全国劳动模范	中共中央、国务院	2015年4月
74	2016年	上海工匠	上海市总工会	2016年10月
75		上海市五一劳动奖章	上海市总工会	2016年10月
76	2017年	上海市第十一次党代会代表		2017年5月
77		中国共产党第十九次全国代表大会代表		2017年10月
78	2018年	第十三届全国人大代表		2018年3月

后　记

本书的编写得到了上海市总工会领导的高度重视和关心。上海市总工会宣教部部长陈必华同志对本书的编写进行了策划和统筹。

参加本书编写和编辑的有冯克华、余国伟、崔华建、陈勇、王祺伟、朱戈华、李伟、师荣欣、李琰、张晓龙等同志；郭丽华、李盛捷、朱尽勤、丁沛、王宗胜、张志军等同志为本书撰写提供了大量的素材；俞子龙同志为本书插画，对此，我们一并表示衷心的感谢。

最后，还要感谢上海市机电工会、上海市劳模协会的相关领导和同志，以及更多的其他同志对本书编写给予的帮助和支持。

本书编写组

2019 年 5 月 31 日

图书在版编目（CIP）数据

新时代产业工人的楷模：李斌的故事 / 上海市总工
会编. ——上海：上海三联书店，2019.8
ISBN 978-7-5426-6720-5

Ⅰ. ①新… Ⅱ. ①上… Ⅲ. ①李斌—生平事迹 Ⅳ.
①K828.1
中国版本图书馆CIP数据核字（2019）第143012号

新时代产业工人的楷模：李斌的故事

编　　者 / 上海市总工会

责任编辑 / 程　力　陆雅敏
统　　筹 / 沈黎风
装帧设计 / 梁春燕
监　　制 / 姚　军
责任校对 / 徐　峰

出版发行 / 上海三联书店
　　　　　（200030）中国上海市徐汇区漕溪北路331号A座6楼
邮购电话 / 021-22895540
印　　刷 / 上海展强印刷有限公司

版　　次 / 2019年8月第1版
印　　次 / 2019年8月第1次印刷
开　　本 / 710×1000　　1/16
字　　数 / 150千字
印　　张 / 11.25
书　　号 / ISBN 978-7-5426-6720-5/K·537
定　　价 / 38.00元

敬启读者，如发现本书有质量问题，请与印刷厂联系：电话021-66366565